·宁夏回族自治区"十三五"重点学科建设成果·
·宁夏回族自治区人文社科重点研究基地建设成果·

宁夏大学优秀学术著作出版基金资助
宁夏大学哲学学术文库

任 军 ◎主编

先秦儒家生态消费伦理思想研究

·以孔孟荀为中心·

冯庆旭 ◎著

黄河出版传媒集团
宁夏人民出版社

图书在版编目（CIP）数据

先秦儒家生态消费伦理思想研究：以孔孟荀为中心 / 冯庆旭著． — 银川：宁夏人民出版社，2018.8
（宁夏大学哲学学术文库 / 任军主编）
ISBN 978-7-227-06933-1

Ⅰ．①先… Ⅱ．①冯… Ⅲ．①儒家—生态伦理学—哲学思想—研究 Ⅳ．① B222.05 ② B82-058

中国版本图书馆 CIP 数据核字（2018）第 192961 号

宁夏大学哲学学术文库　　　　　　　　　　　任军　主编
先秦儒家生态消费伦理思想研究:以孔孟荀为中心　冯庆旭　著

责任编辑	丁丽萍
责任校对	闫金萍
封面设计	邵士雷
责任印制	肖　艳

 黄河出版传媒集团
宁夏人民出版社　出版发行

地　　址	宁夏银川市北京东路139号出版大厦（750001）
网　　址	http://www.yrpubm.com
网上书店	http://www.hh-book.com
电子信箱	nxrmcbs@126.com
邮购电话	0951-5052104　5052106
经　　销	全国新华书店
印刷装订	宁夏银报智能印刷科技有限公司
印刷委托书号	（宁）0010390

开　　本	787 mm×1092 mm　1/32
印　　张	6.25　字　数　200千字
版　　次	2018年8月第1版
印　　次	2018年8月第1次印刷
书　　号	ISBN 978-7-227-06933-1
定　　价	24.00元

版权所有　侵权必究

总　序

哲学之于大学特别是综合性大学的价值是毋庸置疑的。如果没有对智慧的追求，大学可能就失去了存在的意义。对于中国的大学来说，明德亲民、止于至善的终极目标更是与哲学的精神和理念须臾不可分离。

宁夏大学自1958年建校以来就开始了哲学教育工作，1993年获批的东方哲学硕士学位授权二级学科点是宁夏大学设置最早的文科硕士点之一。随着宁夏大学在2008年进入"211工程"重点建设高校的行列，哲学学科也取得了跨越式发展。2011年，宁夏大学获批哲学硕士学位授权一级学科点，现有外国哲学、伦理学、宗教学3个二级学科点。经过多年的发展，宁夏大学哲学学科所取得的成就主要表现在以下方面。

第一，师资力量雄厚。宁夏大学哲学学科核心团队共有骨干人员21人，其中教授8人，副教授11人，博士14人。学科成员大多毕业于北京大学、中国社会科学院、中国人民大学、中山大学、东南大学、中央民族大学、兰州大学、四川大学、西北大学、华中师范大学、陕西师范大学等知名高校和研究机构，具有较为完备的职称结构、学历结构、年龄结构和学缘结构。团队成员中，多人入选国家百千万人才工程、国务院特殊津贴，以及宁夏回族自治区政府特殊津贴、宁夏回族自治区"国内引才312计划"、"313人才计划"、"四个一批"人才，高层次人才和国际化人才建设工作取得一定进展。哲学学科的教学科研骨干全部具有主持国家级、省部级课题的经历，有各自侧重的具体研究领域，为本学科的持续发展打下了坚实基础，从而保证了本学科在区内的领先地位和在国内的学术影响力。

第二，科研能力突出。宁夏大学哲学学科近年来共获批主持国家社科基金课题18项，其中国家社科基金重大项目1项，国家社科基金重大项目子项目3项，国家社科基金一般项目、青年项目、西部项目14项，同时，主持省部级课题近20项，科研经费达400余万元。其中，以李伟教授为首席专家主持的国家社科基金重大项目《我国多民族道德生活史系列研究》，充分反映了本学科在伦理学，特别是民族伦理学研究领域的雄厚实力和优势地位。以任军教授、冯璐璐教授为学科带头人的东方哲学研究，以及以吕耀军教授为带头人的涵盖伊斯兰教、道教、藏传佛教等领域的宗教学研究积淀深厚，在国内相关研究领域居于前沿地位，部分研究成果已达到国内领先水平。

第三，人才培养质量逐步提升。宁夏大学哲学学科是宁夏回族自治区唯一一个培养从事哲学研究和哲学教育高层次专门人才的基地，自招收硕士研究生20年来，培养出哲学硕士100余人，其中不乏丁克家研究员、吕耀军教授、冯璐璐教授这样的优秀毕业生。近年来，研究生公开发表学术论文的数量和发表期刊的级别都有明显的上升。同时，研究生参加国内外高层次学术会议、赴国内外访学和承担研究生创新项目，以及获得国家奖学金、学业奖学金及其他各类奖项的数量显著增长。

第四，学术交流活动日益频繁。近年来，宁夏大学哲学学科主办和承办了"第21次中韩伦理学国际学术研讨会"、"儒学与中国少数民族文化"、"中国多民族道德生活史学术研讨会"等国际性和全国性学术会议，先后与美国、加拿大、日本、韩国、巴基斯坦、伊朗、约旦、阿联酋及港台地区知名学者开展学术交流多次，有多名学术骨干访问美国、韩国、马来西亚、以色列、土耳其等国，同时，与台湾、香港等地高校签署了人才培养、师资队伍建设、学科建设合作协议。

第五，学术建设成果累累。目前，宁夏大学哲学学科已经取得的标志性成果有四项。一是学科成果。本学科经过多年发展，现已建成宁夏回族自治区唯一的哲学硕士学位授权一级学科点，扩展了宁夏回族自治区和宁夏大学的学科布局。外国哲学和伦理学先后成为宁夏大学重点建设学科。二是平台成果。成立我国第一个民族伦理学学术团体——中国民族伦理学会，会长单位和秘书长单位均为宁夏大学。三是项目成果。依托宁夏大学哲学学科立项的《我国多民族道德生活史系列研究》，是宁夏大学第一个，同时也是宁夏回族自治区第一个国家社科基金重大项目，具有突破性质。四是研究成果。近年来，学科成员出版著作20余部，发表核心期刊论文100余篇，有20余项成果获得自治区社科优秀成果奖、中国伦理学会学术成果奖等奖项。

2012，宁夏大学作为宁夏回族自治区唯一一所"211工程"重点建设高校和省部共建高校，成为"中西部高校综合实力提升"工程入选高校；2015年，宁夏大学哲学学科获批宁夏回族自治区"十三五"重点学科，这都为哲学学科的发展带来了良好的机遇，

《宁夏大学哲学学术文库》就是得益于这些支持才得以面世的。同时，本文库的出版，与宁夏人民出版社的丁丽萍女士所提供的帮助是密不可分的，特此致谢。

本文库第一批中，顾世群博士的《〈古兰经〉伦理思想研究》，尹强博士的《卢梭自由观研究》，冯杰文博士的《伊本·赫勒敦"文化科学"理论研究》，刘莉博士的《道教天心派北极驱邪院研究》，曹庆锋博士的《马来西亚伊斯兰复兴运动研究》，林冬子博士的《〈鹖冠子〉研究》，大多为在该学科领域的博士学位论文的基础上修改而成的，既有一定理论功底，又有独到学术见解，反映出宁夏大学哲学学科近年来在人才队伍建设和学术研究方面的进步和成就。

文库第一批出版后，获得了广泛的社会赞誉。其中，林冬子博士的《〈鹖冠子〉研究》荣获2016年度全国优秀古籍图书二等奖。为更好地促进学科发展，文库计划推出第二批著作。本书即为第二批的第一本。我们希望，随着宁夏大学哲学学科建设的不断推进，本文库会有更多的佳作与读者见面。

目 录

绪 论 /1

第一章 生态消费伦理的基本问题 /18

第一节 消费主义的生态伦理批判 /18

第二节 生态消费的伦理阐释 /28

第二章 先秦儒家伦理思想中的生态关怀 /42

第一节 天人合一：先秦儒家生态伦理的境界追求 /43

第二节 义利之辨：先秦儒家生态伦理的实践路径 /51

第三章 孔子生态消费伦理思想 /56

第一节 仁爱万物的生态伦理情怀 /57

第二节 孔子诗教中的生态伦理表达 /63

第三节 孔子消费观中的精神诉求 /72

第四章 孟子生态消费伦理思想 /85

第一节 爱物及其伦理原则 /85

第二节 自然资源消费的伦理制约 /91

第三节 养心寡欲与天人合一 /97

第五章 荀子生态消费伦理思想 /107

第一节 消费之欲与求物之道 /107

第二节 圣王之制与自然资源保护 /117

第六章 先秦儒家生态消费伦理思想的当代价值 /124

第一节 孔子"仁""道"生态消费伦理思想的当代价值 /124

第二节 孟子"王道"生态消费伦理思想的当代价值 /138

第三节 荀子"王制"生态消费伦理思想的当代价值 /153

余 论 /166

参考文献 /177

后 记 /182

绪 论

生态消费是在当代由于消费主义造成的生态危机的背景下提出的一个概念。先秦儒家伦理思想中蕴含着丰富的生态消费理念，是值得当代人借鉴和吸收的宝贵精神资源。本书通过对先秦儒家生态消费伦理思想的深入研究，为应对和解决当代日益严重的环境问题和生态危机提供伦理支撑。

一、研究意义

生态危机是当代人类的基本境遇，它既是一个事实描述，更应被视为一个价值判断。生态危机归根结底是人类精神危机，是当代人类受消费主义思想影响造成的对自然生态环境的严重消极后果。生态消费正是在当代生态危机背景下提出的一个范畴。先秦儒家思想中蕴含着生态消费丰富的可资借鉴的伦理精神资源，因此，本书以先秦儒家生态消费伦理思想作为研究对象，具有重要的理论价值和现实意义。

（一）理论价值

首先，有助于进一步拓展生态伦理研究视域。以往生态伦理研究要么是对人类中心主义的批判，要么是在非人类中心主义的视域下构建人与自然和谐共处的"理想国"。而先秦儒家在"仁民爱物"生态消费伦理思想的指导下,实现了对人类中心主义和非人类中心主义的超越。

其次,有助于进一步拓展先秦儒家伦理思想的研究视域。人与自然的生态关系以及人的德性与自然之间的伦理关系一直都是先秦儒家乃至后儒一以贯之、一脉相承的重要一维,消费也从来没有被先秦儒家排斥和否定。生态消费将先秦儒家关于"天人关系"和"人人关系"的伦理思想紧密地联系在一起,这无疑对拓展学界较为偏重对先秦儒家"人人关系"的研究视域具有重要学术价值。

再次,有助于进一步拓展所涉各相关学科的研究视域和途径,丰富各相关学科的研究内容和方法。本书涉及中国哲学、伦理学、生态学、消费经济学等相关学科,属于跨学科的综合基础研究。各相关学科之间可以在研究内容、方法、途径、视域等各方面实现取长补短、相互为用、优化组合。这也符合当代学术研究逐步走向多学科交叉融合的整体趋势。

最后,能够为进一步拓展和深入生态文明理念提供伦理精神资源。生态文明理念的产生:一方面是出于对当代人类所面临的现实生态危机的深刻反思和反省;另一方面,它在人类历史文化传统中也绝非无源之水,无本之木。先秦儒家生态消费伦理思想就是其重要源头之一,能够为不断拓展和深入生态文明理念,促进人们对生态文明理念有一个更加深刻全面的理解和体认提供思想资源和价值支持。

(二)现实意义

首先,对造成生态危机的消费主义将起到一定救弊作用。消费主义倡导以消费为人生追求的目标和人生价值的实现,对人的道德心理和道德行为产生严重的负面影响,而其直接后果是造成对自然生态环境的掠夺式开发和破坏以及越来越严重的环境污染和生态危机。先秦儒家生态消费伦理思想有助于改变人们的消费观念,会使人们认识到消费不仅仅是一种经济行为,还是一种可能影响到人与自然和谐关系的伦理行为。

其次,有助于推动生产模式的生态化转向。消费在某种程度上决定了生产的模式和产品的质量。生态消费是有助于人与自然和谐相处的消费理念和消费方式。只有人们普遍具有生态消费意识,养成良好生态消费习惯,才能真正推动生产模式的生态化转向。而先秦儒家生态消费伦理思想可以为培养生态消费意识、养成生态消费习惯提供有力的伦理支撑。

再次,有助于提高人们的道德生活质量。在先秦儒家看来,和谐的"天人关系"有助于个人德性的修为和健康人格的养成,而其生态消费伦理思想是实现这一目标的重要保证。消费是人们生活不可或缺的组成部分,同时,不可避免地与自然发生关系。消费质量在一定程度上决定了人们的生活质量,道德生活质量则是其核心和灵魂。因此,先秦儒家生态消费伦理思想即使在今天,仍可以为人们须臾不可离的消费生活注入更多的道德因子,从而提高人们的道德生活质量。

最后,有助于构建资源节约型和环境友好型社会。构建"两型社会"需要全社会的共同努力和积极参与,这不仅要求每一个社会成员对供我们每天消费所需的自然怀有一颗敬畏和感恩之心,而且应从一点一滴做起,节约资源,反对浪费,更要旗帜鲜明地反对奢侈消费。要做到这一点,先秦儒家"敬天畏命""黜奢崇俭""取物以时""节资护源"的生态消费伦理思想可以为我们提供精神资源和文化养分。

二、国内外研究现状综述

对学界相关研究成果进行系统梳理和总结，在理论方面，有助于进一步拓展生态伦理的研究视域，进一步拓宽儒家伦理思想的研究视野，并能够为进一步拓展和深入生态文明理念提供伦理精神资源；在实践方面，对造成生态危机的消费主义将起到一定救弊作用，有助于推动生产模式的生态化转向，有助于提高人们的道德生活质量，有助于构建资源节约型和环境友好型社会。

生态消费虽然是当代学界提出的一个概念，但在儒家思想中已经有了朴素的生态消费伦理思想。这些原发于农业文明时期的思想，对处于严重生态危机的当代人类来说仍然不失其启示和借鉴意义。这可以从近年来国内外越来越重视对儒家伦理思想，尤其是其生态伦理思想的研究中窥豹一斑。

(一)国内研究现状综述

1. 关于生态消费研究

从某种意义上来说，消费主义对造成生态危机应承担一定的责任。如何克服消费主义的不良影响是社会主义生态文明建设必须要解决的问题。消费主义具有诱惑性、象征性、浪费性和全球性等特点，生态消费是反对消费主义的有力武器。[①]同时，生态消费亦是我国社会经济可持续发展的重要保障。[②]实践证明，只有树立正确的消费观念、克制消费欲望、调整消费行为，才能建立生态消费模式，才能符合社会主义生态文明的要求，实现人与自然

[①] 李桂丽、李龙强：《消费主义、生态消费与生态文明建设》，《湖北行政学院学报》，2013年第2期。

[②] 穆建叶：《生态消费：我国社会经济可持续发展的重要保障》，《学术交流》，2008年第2期。

的协调发展。①由此看来,在技术理性无限扩张、生态危机日趋严重的情况下,健康合理的消费道德是人类存在的一种价值维度,其最终的目标是,既能满足人们日益增长的多元化生态消费需求,又能实现生态环境以及经济、社会的可持续发展。②

关于生态消费的界定,邱耕田认为,生态消费是一种绿化的或生态化的消费模式,它是指既符合物质生产的发展水平,又符合生态生产的发展水平,既能满足人的消费需求,又不对生态环境造成危害的一种消费行为。③可见,生态消费是一种全新的生活理念和消费方式,它把人类的消费纳入生态系统之中,使之与生态系统协调统一,是可持续发展思想在消费领域的具体体现,是人类消费模式的根本变革。由于存在所谓理性"经济人"假设,经济主体主动选择生态消费的内动力不足。因此,构建全方位的制度体系,是实现由传统消费模式向现代生态消费模式转变的根本保证。④在国际社会,随着生态环境日益恶化,生态消费问题越来越受到关注。经济发达国家通过消费者、政府、NGO、企业等的推动作用,逐步提高了生态消费水平。近年来,我国也开始重视引导居民转变消费观念,促进生态消费,但目前尚未形成一整套合理的政策和配套措施来促进全社会生态消费模式的形成。通过与发达国家生态消费主导模式进行分析比较,可以为建立适合我国国情和生态消费现状的政府主导型生态消费模式提供

---

①牛文浩:《生态消费模式:社会主义生态文明建设的必然选择》,《生态经济》,2012年第3期。

②李映红、黄明理:《困境与出路:由消费主义到生态消费之必然》,《云南社会科学》,2011年第3期。

③邱耕田:《生态消费与可持续发展》,《自然辩证法研究》,1999年第7期。

④柏建华:《生态消费行为及其制度构建》,《消费经济》,2005年第1期。

有益借鉴。①

2. 关于儒家生态伦理思想研究

生态伦理学是当代人类随着生态危机的日益严重应运而生的一门新兴学科。儒家的爱物观念,对于解决当今生态问题有着积极意义。②虽然在农业文明基础上建立起来的中国古代儒家思想不可能提出现代意义上的生态伦理学,但在它的思想体系中含有极为丰富的朴素生态伦理观念,这对于建构现代生态伦理学具有重要意义。③儒家"天人合一"思想经过否定之否定的文化超越,可以与现代环境伦理相融合,将会为建立一种健全的环境伦理学作出重要贡献。④

关于儒家生态伦理思想的宏观研究,余谋昌认为:"天人合一"是其哲学基础,"天道生生"以及儒家"仁爱万物"的思想所蕴含的尊重生命的思想是基本原则,"与天地相参"的思想是其道德目标。⑤何怀宏对中国古代儒家生态伦理思想从"行为规范""支持精神"和"相关思想"三个方面展开分析和阐述。在"行为规范"方面,可以简略地归纳为"时禁"。"支持精神"主要是一种"天人合一"、与自然和谐的精神。而两个"相关思想":一是限度和节欲的观念;一是"不为己甚"的态度。⑥

学者们也对儒家代表人物的生态伦理思想进行了研究,如

---

① 江林、陈立彬、肖轶楠:《我国与发达国家生态消费主导模式比较研究》,《生态经济》,2010年第9期。
② 焦国成:《儒家爱物观念与当代生态伦理》,《中国青年政治学院学报》,1996年第2期。
③ 葛荣晋:《"天地万物一体"说与现代生态伦理学》,《孔子研究》,1995年第3期。
④ 徐春:《儒家"天人合一"自然伦理的现代转化》,《中国人民大学学报》,2014年第1期。
⑤ 余谋昌:《生态伦理学——从理论走向实践》,首都师范大学出版社,1999年版,第6~23页。
⑥ 何怀宏:《儒家生态伦理思想述略》,《中国人民大学学报》,2000年第2期。

《孔子生态伦理思想发微》从三个方面论述了孔子的生态伦理思想:"知命畏天"的生态伦理意识、"乐山乐水"的生态伦理情怀、"弋不射宿"的生态资源节用观。①蒙培元认为,孔子是儒家生态哲学的开创者。孔子不仅是提倡人间关怀的人文主义始祖,也是主张人与自然和谐相处从而得到人生乐趣的伟大思想家。人与自然的和谐是孔子的最高理想。孔子主张的尚俭生活方式实际上是对自然界的一种尊重,"乐山""乐水"是对自然界的一种敬仰与依恋。②涂平荣从三个方面对孔子的生态伦理思想进行了概括:"敬天畏命""知天达命"的生态伦理认知,"仁人恤物""乐山乐水"的生态伦理情感,"取物以时""节资护源"的生态伦理实践。③任俊华对孟子生态伦理思想进行了专门探讨,指出孟子的性善论是其生态伦理思想产生的内因。因为人性本善,所以才可能"仁民而爱物",才可能从爱人推及到爱物,这就是孟子的生态伦理定律。④

人类中心主义与非人类中心主义一直是生态伦理学争论的一个热点问题,因此,在儒家生态伦理思想研究方面,学者们也对这一问题各抒己见。蒙培元认为儒家的"以人为中心"不同于人类中心主义所说的"以人类为中心",它是以人的"问题"为中心,辨明人的义务责任,完成参赞化育,所以它是非人类中心主义的。⑤任俊华认为儒家生态和谐观是一种仁爱型人类中心主义的生态观。⑥刘云超试图摆脱非此即彼的二元思维范式,认为儒家的

---

① 任俊华:《孔子生态伦理思想发微》,《道德与文明》,2003年第6期。
② 蒙培元:《孔子天人之学的生态意义》,《中国哲学史》,2002年第2期。
③ 涂平荣:《孔子的生态伦理思想探微》,《江西社会科学》,2008年第10期。
④ 任俊华:《孟子的生态伦理思想管窥》,《齐鲁学刊》,2003年第4期。
⑤ 蒙培元:《儒学是人类中心主义吗?》,《现代哲学》,2004年第1期。
⑥ 任俊华:《论中国传统哲学的儒家生态和谐观》,《新视野》,2005年第6期。

生态智慧在价值取向和道德实践两个层面上都实现了对人类中心论和非人类中心主义二者的超越。①

传统儒家的天人合一和人与万物一体的世界观，内在蕴含着人在"成己"的过程中应当"成物"的道德要求。②也就是说，儒家的天人合一不仅仅是道德之天与人德的合一，还是自然生态与人德的化育合一。自然生态对先秦儒家建构德性论具有重要的参考作用。③而在儒家看来，人的"德性"的核心是"仁"，"仁"就是人，"仁者人也"。但这绝没有把人与自然界对立起来，恰恰相反，"仁"不是别的，就是自然界生命意义的实现。④乔清举认为，儒家天人合一和仁的功夫论及境界论思想，把与自然和谐相处提升为道德修养和实践所应达到的境界。⑤于是，仁与"天地之大德曰生"就此实现了统一，人的德性"仁"既表现在"成己"上，亦表现在"成物"上，否则就达不到儒家所追求的"天人合一"的至高境界。

应该看到，儒家生态伦理思想既有跨时空的普遍意义，也有自身不可避免的局限性。对于局限性，在当代社会条件下，我们对儒家的"与天地参"要秉持内外兼修之道，已在道德修为和科学实践两个层面架起一道坚实的天人合一的桥梁。⑥以科学的理性精神进行批判阐释和转换儒家生态伦理思想的传统形式，才能在

---

① 刘云超：《再谈儒家哲学没有人类中心论》，《孔子研究》，2013年第4期。
② 曹孟勤：《在成就自己的美德中成就自然万物——中国传统儒家成己成物观对生态伦理研究的启示》，《自然辩证法研究》，2009年第7期。
③ 李长泰：《论先秦儒家自然生态观对德性论的构建》，《管子学刊》，2014年第1期。
④ 蒙培元：《从仁的四个层面看普遍伦理的可能性》，《中国哲学史》，2000年第4期。
⑤ 乔清举：《儒家生态哲学的基本原则与理论维度》，《哲学研究》，2013年第6期。
⑥ 刘军：《中华文明的连续性特征及生态伦理功用》，《河北学刊》，2003年第5期。

当代人类生态实践中发挥其重要作用。①也就是说,现代人类对待自然万物的最合理的态度,是科学的态度辅之以儒家式的道德意识和生命情怀。②在强调儒家生态传统独特的文化价值的同时,又使这种价值不脱离现代化进程的主旋律,促使它实现从传统形式向现代化转换的时代超越。③

3. 关于儒家生态消费伦理思想研究

生态消费体现的是对自然既利用又保护的明智选择。张云飞在《天人合一:儒学与生态环境》一书中探讨了儒家"网开三面""里革断罟"的自然保护活动,自然保护的对象和类型,同时明确了自然保护的主体,可谓对儒家与生态环境的关系作了较为细致的说明。④陈业新指出,儒家保护生态资源的主张和立场,不仅在古代生态环境保护的实践上产生了积极的影响,而且即使在今天看来,这些都是弥足珍贵的,值得总结、继承,并付诸实践,以促进当代环保事业的发展。⑤可见,中国古代儒家的生态伦理根本目标,就是在人的需求与自然资源之间求得平衡,以维护社会的生存与发展。以制度化的形式上行下效,禁发以时,取之有道,顺应自然规律来满足人的需要,使儒家生态伦理具有极强的操作性和可行性。⑥

---

① 佘正荣:《儒家生态伦理观及其现代出路》,《中州学刊》,2001年第6期。
② 白奚:《仁爱观念与生态伦理》,《首都师范大学学报(社会科学版)》,2002年第1期。
③ 康琼:《儒家生态传统与传统的超越》,《求索》,2007年第12期。
④ 张云飞:《天人合一:儒学与生态环境》,四川人民出版社,1995年版。
⑤ 陈业新:《儒家生态意识与中国古代环境保护研究》,上海交通大学出版社,2012年版。
⑥ 徐嘉:《生态伦理的儒家样态》,《东南大学学报(哲学社会科学版)》,2004年第5期。

学者们对先秦儒家的生态消费伦理思想进行了深入探讨，认为先秦儒家提出的"取物以时""取物不尽"是可持续的消费模式，对当今社会实行生态消费具有启示。①学者们还注意到，先秦儒家为保证生态消费的实现，采取了一些以法律手段强制"时禁"的做法，这种方式给我们提供了技术与法律上的支持与启迪。②在荀子那里，甚至将对生态环境的保护提高到国家政治的高度，视之为"圣王之治"的基础。③

综观以上对儒家生态伦理思想、生态消费及儒家生态消费伦理思想的研究，我们发现，生态消费还是一个相对较新的消费理念。虽然国内对儒家生态伦理思想的研究越来越重视，也有越来越多的学者加入这一研究队伍中，但由于对生态消费这一概念普遍陌生，所以对儒家生态消费伦理思想的研究相对缺乏，而这一思想确实是有待深入挖掘的宝贵精神财富。所以，这正可为学界的研究提供广阔的开拓空间。

(二)国外研究现状综述

1. 关于消费思想的研究

施里达斯·拉尔夫认为，消费问题是环境危机问题的核心，人类对生物圈的影响正在对环境产生着压力并威胁着地球支持生命的能力。从本质上说，这种影响是通过人们使用或消耗能源和原材料产生的。④消费给人类生活的地球生态系统带来的压力越来

---

① 王雪萍:《论先秦儒家的生态消费思想》,《江苏商论》,2012年第9期;杨晶、吴衣丰:《论先秦儒家消费伦理思想的当代意义》,《河北青年管理干部学院学报》,2012年第2期。

② 赵麦茹、韦苇:《先秦儒家生态经济思想及其对当代的启迪》,《北京理工大学学报(社会科学版)》,2006年第5期。

③ 李琴:《先秦儒家消费思想探微》,《消费经济》,2014年第2期。

④ 〔美〕施里达斯·拉尔夫:《我们的家园——地球——为生存而结为伙伴关系》,夏堃堡等译,中国环境科学出版社,1993年版。

越大,如果任由消费主义这个现代社会经济畸形发展的产物影响,人类的前途命运究竟将会如何尚不得而知。所以,"我们消费者有约束我们消费的道德义务,因为我们的消费危害了后代的机会"①。

消费将不可避免地对生态环境产生影响,尤其是浪费性消费对地球的挑战。②为此,有必要通过改变人类行为和生活方式以应对可持续消费所面临的挑战。③可持续消费已成为可持续发展和全球环境变化背景下一个中心议题。④几乎所有关注生态环境问题的学者都不约而同地将目光锁定在消费与环境的关系问题,并普遍认为,消费主义所造成的生态破坏和资源浪费给地球带来了严重后果,并给可持续消费带来挑战。如果人类想拥有一个可持续的未来,就应摒弃消费主义的消费模式,而代之以可持续的消费模式。这里的可持续消费,我们姑且将其理解为生态消费。

2.关于儒家生态思想的研究

1988年1月,诺贝尔奖部分得主在法国巴黎发表了一份宣言:"如果人类要在21世纪生存下去,必须回首两千五百年,去汲取孔子的智慧。"这反映出国际社会已经意识到中国传统文化对于身处生态危机的当代人类的重要意义。正如法国著名神学家史怀泽认为的:"中国伦理学的伟大在于,它天然地并在行动上同情动物。"⑤

---

①〔美〕艾伦·杜宁:《多少算够:消费社会与地球的未来》,毕聿译,吉林人民出版社,1997年版。

②Rob Hengeveld. Wasted World: How Our Consumption Challenges the Planet, University of Chicago Press 2012.

③Lucia A. Reisch, Inge Ropke. The Ecological Economics of Consumption, Edward Elgar Publishing Ltd 2004.

④Anna R. Davies, Frances Fahy, Henrike Rau. Challenging Consumption: Pathways to a more Sustainable Future, Routledge 2014.

⑤〔法〕阿尔贝特·史怀译著、〔德〕汉斯·瓦尔特·贝尔编:《敬畏生命》,陈泽环译,上海社会科学出版社,1992年版。

这里所说的正是包括儒家仁民爱物思想在内的中国传统伦理学。对此,汤因比也曾深有感慨地说过:"对现代人类社会的危机来说,把对'天下万物'的义务和对亲密家庭关系的义务同等看待的儒家立场是合乎需要的,现代人应当采取此种意义上的儒教立场。"①

但儒家生态伦理思想要想在当代有效发挥作用,就必须实行现代转型。萨缪尔·辛德认为,儒家文化应积极地参与当代生态问题的对话、讨论,进入当代语境,对自己的文化理念、论证方式实行现代转型。他说:"儒学概念除非参与当代问题,否则就是无用的。"这是很有见地的。

综观国外的相关研究,我们发现,消费主义对生态环境造成的负面影响带有普遍性。基于这样一个背景,国外有学者建议到中国儒家传统文化中汲取精神资源,以应对和解决当代人类所面临的生态危机。但我们应清醒地意识到,要有效发挥儒家文化的作用,就必须对其进行现代转型,以适应当代社会的需要。因此,国内学界在立足对儒家生态消费伦理思想进行研究的同时,加强同国外学界的对话和交流,充分借鉴和吸收国外相关优秀研究成果,亦是不可或缺的一维。

三、主要研究内容与方法

本书围绕生态消费与先秦儒家伦理的耦合这一主线,探讨在当代全球生态危机的背景下,如何充分挖掘和运用传统伦理精神资源。首先阐释在先秦儒家伦理视域下生态消费的概念。虽然生态消费的概念是现代的,但对它的界定和阐释需将其置于先秦儒

---

① 〔英〕汤因比、〔日〕池田大作:《展望二十一世纪——汤因比与池田大作对话录》,荀春生、朱继征、陈国梁译,国际文化出版公司,1985年版。

家伦理思想体系和话语框架下进行，否则就不是先秦儒家生态消费伦理思想的研究。而这也是进行整个研究的前提。

然后进一步探讨先秦儒家生态消费的伦理基础，这一伦理基础的论证同样需要诉诸先秦儒家以仁为核心的伦理价值体系，包括仁民爱物的伦理原则和黜奢崇俭、取物以时、取物不尽的伦理规范等，最终达到天人合一的理想境界，从而使"天地之大德曰生"的伦理情怀充分彰显。

"圣王之制"是先秦儒家生态消费的具体实施路径，也可将其视为国家政治层面的制度化。这对当代环保立法和生态治理具有重要启示和借鉴意义。先秦儒家生态消费伦理思想的现代转化是本书要达到的目标。唯有实现转化，才能充分发挥其当代的应有价值。

(一) 主要研究内容

具体而言，本书的主要内容包括以下几个部分：

第一部分主要探讨生态消费伦理的基本问题，包括对消费主义的生态伦理批判和对生态消费的伦理阐释。消费是以人为目的的对正当合理的基本需求的满足，而消费主义是将消费作为目的本身，不仅造成了价值危机，也带来了生态危机。消费同生态一样，都是人须臾不可离的。生态消费是在应对消费主义所引发的种种生态风险和环境问题的过程中应运而生的，它既不仅仅是消费的生态化，也不仅仅是消费的伦理化，而是消费的生态伦理化。有鉴于此，我们将生态消费界定为以人与自然和谐的生态伦理思想为指导的满足人的基本需求的消费行为。提出生态消费并将其付诸实践是伦理责任的一种充分表达，这一伦理责任的一个显著特点是指向未来。生态消费对未来后代的伦理责任，是通过当代人对当下消费中存在的问题的解决和对自然生态的保护得以实现的。

第二部分主要探讨以孔子、孟子和荀子为主体的先秦儒家伦理思想中的生态关怀问题,包括先秦儒家生态伦理的境界追求和实践路径。天人合一是先秦儒家生态伦理的境界追求,"天人合一"的"一"即"德",天人合一也即天人合德。天人合一于天道与人道之间所共通、共本之德。由于人类中心主义是无法从伦理学中被排除出去的,因此,强调人的主体地位的先秦儒家的天人合一与人类中心主义从根本上是相合的、一致的。义利之辨是先秦儒家生态伦理的实践路径,能够帮助当今人类认真审视自身存在的问题,坚决摒弃消费主义背后所暗涌着的源源不断的,但却不符合"义"之伦理要求的"利",以人与自然和谐为前提,以精神满足和人的本质实现为旨归,深入挖掘和充分汲取先秦儒家生态消费伦理思想的精华,走生态消费之路。

第三部分主要探讨孔子生态消费伦理思想,包括孔子仁爱万物的生态伦理情怀、诗教中的生态伦理表达及消费观中的精神诉求。孔子的"仁"主要表现为但并不仅仅局限于"爱人"。孔子对草木、鸟兽的爱心,表达了他敬畏生命的生态伦理思想和一些具体的伦理规范要求。就自然本身而言,孔子是"罕言天"的,但他也通过诗表达了天人合一的生态伦理思想。孔子强调"兴于诗,立于礼,成于乐",使诗与礼乐相得益彰,从而实现"真""善""美"的统一。孔子提出"节用以礼",主张在消费行为方面应节俭守礼。孔子同时还指出,节俭消费的目的在于实现对"仁"的价值追求,即爱人。孔子消费伦理思想的核心是以俭释礼,即在不违礼的前提下,宁俭勿奢。虽然孔子主张以"礼"消费,宁俭勿奢,但并不反对求富。孔子主张以道求富,以义用财,同时对于如何看待现实社会中存在的贫富现象也有自己深刻的见解,称许颜回的"贫而乐"。孔子所说的"贫而乐"被后世概括为"安贫乐道"。孔子的"安贫乐道"是一个完整的价值理念,孔子及其弟子是为了"守道"而"安贫",不是无条件地"安贫","安贫乐道"的核心是"道"。

第四部分主要探讨孟子生态消费伦理思想,包括孟子的爱物思想及其伦理原则、自然资源消费的伦理制约以及养心寡欲与天人合一等三方面内容。孟子提出的"亲亲而仁民,仁民而爱物"和"恩及禽兽"的思想观念可被视为对爱物思想的最好注释,也构成了孟子生态伦理观的基本内核。孟子的爱物所遵循的是尊重自然的伦理原则。孟子一方面尊重自然,重视发展农业,另一方面却反对"辟草莱,任土地"和"从兽无厌"的行为,因为在他看来,这两种行为都是不道德的。如果说反对"从兽无厌"更多表现的是孟子爱物伦理思想的话,那么"辟草莱,任土地"则更多的是就自然资源的开发利用,或者说自然资源消费的伦理制约而言的。孟子通过牛山之木对"养物"的强调暗含了保护生态环境、遵循预防原则的重要性。但这并不是孟子所要表达的"醉翁之意","养物"之喻实乃为"养心"而设。孟子关于"养心"最经典的表述是"养心莫善于寡欲"。在孟子看来,"心"依于人的道德自觉与反思,能以心制欲,使心与欲并行不悖,心与物和谐统一,向"尽心知性"的方向迈进,从而达致"万物皆备于我"的"天人合一"之境。

第五部分主要探讨荀子生态消费伦理思想,包括荀子关于消费之欲与求物之道的思想,以及圣王之制与自然资源保护的相关论述。荀子首先肯定人人皆有所欲,因此,对欲望的节制就成为必然的选择。荀子称此种人为"虑者",即经过深思熟虑节制自己欲望的人。"节欲"和"寡欲"并非一回事,荀子是反对寡欲的。

人不可为"求物"而"害心",应"重己役物"。荀子还进一步阐述了纵欲的危害,在"御欲"基础上,明确提出"节用"的思想,即节约消费,通过国家规定,以"礼""法"适当限制整个社会的消费活动,在协调欲和物关系的同时满足人们的欲望。由于荀子的政治思想是以"隆礼"为特点的,他用圣人制定的具有权威性的"礼"调节欲和物之间的矛盾,一方面"使欲必不穷于物",另一方面又"使物必不屈于欲"。荀子既"隆礼"又"重法",往往礼法并提。在荀子那里,无论是"礼",还是"法",抑或"制",都不过是"朝廷之礼""王者之法""圣王之制"。荀子的圣王之制所倡导的自然资源保护的理念、纲领和具体举措不仅具有极高的实践价值,而且具有重要的理论价值。

第六部分主要探讨先秦儒家生态消费伦理思想的当代价值,包括孔子"仁""道"生态消费伦理思想对当代生态教育的启发,孟子"王道"生态消费伦理思想对当代生态政治的关照和荀子"王制"生态消费伦理思想对当代生态法律的启示。孔子的生态教育思想可以使人们更好地认识并遵循自然(子曰:"天何言哉?四时行焉,百物生焉,天何言哉!")、敬畏生命(子在川上,曰:"逝者如斯夫!不舍昼夜。")、热爱自然,并成为道德高尚的人(子曰:"知者乐水,仁者乐山。"),也就是把自然、他人纳入到自我发展的统一体中,通过协调人与自然、人与他人及人与自身的关系,促使每个人成为有道德的社会公民,践行生态消费方式,致力于人的"整体"发展和社会的共同福祉。孟子本是从"仁政"出发,为了实现"王道"的政治理想,却在客观上起到了保护生态环境、协调人与自然关系的作用。孟子的"王道"和"仁政"能够为今天的生态政治提供借鉴作用。首先,生态政治视角下的政府是伦理型政府。其次,生态政治视角下的政府是节约型政府。

从今天的角度来看，荀子的"王制"对于当时人们所实际享有的环境权在客观上发挥着重要的保障作用，虽然环境权不是也不可能是"王制"所要追求的对象和实现的目标。这也足以使我们看到法律制度对于维护生态和保护环境所具有的不可替代的地位。

(二)主要研究方法

1.文献法

从文本出发，对先秦儒家经典进行系统梳理和阅读，同时搜集、整理、分析和运用国内外相关文献和研究成果，作为本书研究的基础。

2.价值分析法

通过对先秦儒家生态消费伦理思想从伦理学、生态学、消费经济学等学科进行全方位、多层次的综合研究，从中揭示其历史地位与当代价值。

第一章 生态消费伦理的基本问题

消费是人维持生存的基本需求，是实现人自身再生产和社会再生产的重要前提，也是维系社会正常运行的必要条件。但对当今人类来说，情况似乎发生了变化，不知从何时起，消费已悄然从对基本需求的满足变成为消费而消费的消费主义。

第一节 消费主义的生态伦理批判

不容否认，消费主义理念极大地推动了生产的发展，但也毫无疑问地给自然生态环境造成了巨大的压力。数十年来发生的生态危机、环境公害以及此起彼伏的环保运动，都充分说明环境问题的日益严重以及人们环保意识的不断增强。将消费主义奉为圭臬，通过生产的无限扩大以满足人们无限增长的消费欲望而非仅仅基本的消费需求，其必然结果便是对自然生态环境采取竭泽而渔的掠夺式开发，从而导致人与自然的关系紧张乃至对立。从本质上来说，消费主义属于思想方面的问题，而思想的问题只能通过思想的方式加以应对，只有这样才能从根源上得到解决，而消费行为不过是其外在表现。"解铃还须系铃人。"人们为消费主义理念所系，当然需通过解除消费主义的思想束缚，才能使人们的消费行为趋于常态和回归正轨，还消费以其本来面目，进而实现人与自然关系的和解。

一、消费与消费主义的伦理解读

没有生产就没有消费，反之亦然。从经济学的角度看，消费是人类经济活动不可或缺的环节和组成部分。为了生存下来，发展下去，人们必须消费一定的物质和能量。随着生产力水平的不断提高，人们消费的对象、内容和方式日益丰富和多样化，生活质量也随之不断提高。鉴于人们由于所秉持的理念不同所导致的行为差异，进而产生或大或小、或隐或显的积极、正面或消极、负面的影响，因此，这里有必要首先区分消费与消费主义这两个基本概念。

一般来说，消费是满足人的基本需求的行为，这种行为并非全然是个人的，它同时不可避免地体现为一定的社会性。从伦理角度来看，人的基本需求是指能够维持人的日常生活及正常生产和再生产，维护人的尊严且能得到伦理辩护的正当合理需求。衣不蔽体、食不果腹显然是道德上的恶，也是得不到伦理保护的，因为这种苦难的状况连基本需求都无法得到保障，人的尊严当然亦无从谈起，因此是需要改变的事实。一个人为了满足基本需求，依靠自己的努力能够得其应得，这是获得尊严的第一步。而要实现这一点，社会制度的正义安排非常关键。通过自身努力所获得的财富的一部分是用于消费的，这时如果能够满足基本需求却有意克制，以致消费不足，使基本需求的满足受到人为的约束，这样做对消费者自身来说也许无关紧要，却在无意之中走向了与

"中道"相对的"不及"的一端,而"中道"是一种极高明的道德智慧。"不及"可被视为"中道"的缺乏,这样的消费需要辅以适当的鼓励,在尊重其良好生活习惯的前提下,使其循序渐进地达至满足基本需求的水平。

与"中道"相对的另一端就是"过"了,这"过"的表现是消费主义。为消费而消费的过度消费、超前消费、奢侈消费以及炫耀性消费等消费主义的种种表现形式,从表面来看彰显的是人的地位和尊严,岂不知却正是对人的地位和尊严的贬损。这些消费已经超出了人的基本需求的范围,进入到对无穷欲望的孜孜以求。这对人的尊严的维护非但无益,反而有害。尊严的获得与消费状况之间既不存在直接的关系,也不存在必然的关系。"因此消费社会中的许多人感到,他们富裕的世界不知怎么总有些空虚。因为他们为消费主义文化所蒙蔽,试图用物质的东西来满足实质上是社会的、心理的和精神上的需要,这自然是徒劳的。"①幸福从本质上来说,归根结底是来源于社会的、心理的和精神上的需要的满足,但消费主义者执意认为,幸福就是欲望的满足。不幸的是,欲壑难填,由于欲望具有无限膨胀和不断扩张的特点,因此通过消费来满足欲望就是一个永无止境的追逐过程,这样的追逐令消费主义者们欲罢不能却又身心俱疲,也注定他们不会得到真正的幸福。

消费主义是对作为满足基本需求的消费的反动,它在使消费异化的同时,也异化了人本身。本来,消费是为实现人之为人这一伦理目的的,在消费中,不仅人的基本需求得到满足,也为人进一步

---

①余谋昌:《生态伦理学——从理论走向实践》,首都师范大学出版社,1999年版,第235页。

的发展提供条件和奠定基础，而且消费本身就是人的本质的体现和实现，因为以基本需求的满足作为消费的规范，一方面表明消费主体对消费追求"知足"的平和心态，另一方面说明其在社会的、心理的和精神的追求上的"不知足"和道德自律，而后者对人的尊严的实现和维护无疑更具伦理价值。消费主义之所以受到伦理的批判，除了其对人性所具有的"潜移默化"的损害性之外，还有一个重要的原因，就是对自然生态环境的不容忽视的破坏性。消费主义是在为由生产过剩造成的周期性经济危机寻求出路的过程中应运而生的。由于资本唯利是图的本性和人的欲望被激发出来的前所未有的热情，消费主义一面世就"颇得人心"。如今消费主义方兴未艾，且有不断加强之势。消费主义使生产利润最大化和消费的满足最大化一拍即合，而这二者的合谋给人类自身生活于其中且须臾不可离的自然生态环境带来了重重危机。

二、消费主义与生态危机

消费主义首先通过将每个人的身份"消费者化"，制造消费面前人人平等、通过消费人人幸福的表面繁荣，进而在幸福与消费之间建立相互依赖、一荣俱荣、一损俱损的关系。而这种关系显然是虚幻和不稳固的，妄图以外在的物质消费来满足内在的精神需要以实现人生的幸福，这是一个无论经过怎样的努力都无法达成的愿景。且不说幸福更多的是指主体内在的一种自由的道德状态，即使需要一定的物质基础，也绝非消费主义所鼓吹的可以决定幸福的"无所不能"的物质。消费主义使人陷入为物所役的不自由状态，而这种糟糕的状态是根本谈不上真正幸福的，而只能被视为一种悲哀的境地，同时也不能不说是处于一种危机的状态，即精神危机，或者亦可称之为意义危机或价值危机，这种危机

"对内"可摧毁人本身，使人如行尸走肉般地苟活于人世，浑浑噩噩地不停消费，人生失去价值方向，漫无目的却又看似有的放矢和迫不及待地随时寻找下一个能够体现自身"价值"的消费目标物。"对外"则除了浊化社会风气、物化社会关系、带来整个社会的道德危机之外，还有一个严重的后果，那就是破坏每个人都无可逃脱地深深依赖的生态环境，造成人与自然都深受其害的生态危机。而这"对内""对外"的两种危机从来都不是毫无关系的。没有"对内"的危机，"对外"危机发生的可能性将会大大降低。

消费主义是通过"大量生产—大量消费—大量废弃"的经济发展模式和生产生活方式造成生态危机的。"然而，这样的经济模式是建立在自然资源是无限的这一假设之上的，现代经济学忽视了一个生态学真理，那就是地球这个生态系统是有限的。现代经济学主张的大量生产和大量消费所导引的人类欲望将超越地球生态圈的承受限度，而大量废弃所造成的垃圾过剩将超越生态系统的自我修复和转化限度。可见，我们现代环境问题的两个重要方面——资源枯竭和废弃物过剩——是直接由这种经济模式造成的。"①资源枯竭和废弃物过剩是生态危机的两种表现。资源枯竭是由大量生产和大量消费造成的，而大量生产又是由大量消费所导引的。没有大量消费的需求，就不会有大量生产对资源展开的摧枯拉朽式的大肆掠夺和竭泽而渔式的疯狂开发。消费主义在这一过程中始终扮演着重要角色，对生产者威严地"发号施令"，催促着大量生产，对脆弱的生态"巧取豪夺"，可谓充分发挥了人作为主体的主观能动性。在消费主义者的眼中，自然生态不过就是

---

① 杨志华、卢风：《消费主义批判》，《唐都学刊》，2004年第6期。

可供消费的资源,一旦资源枯竭,自然生态也就失去了存在的价值。当这种由大量消费所推动的大量生产对生态环境所造成的危机通过种种方式表现出来时,消费主义甚至认为可以通过消费解决,其逻辑思路似乎也颇有道理。在消费主义看来,消费能够促进经济发展,而经济发展中出现包括生态危机在内的无论什么问题,均可通过且只有通过发展经济、提高生产力加以解决。一言以蔽之,在消费主义的理念世界和现实实践中,大量生产与大量消费简直就是"天作之合"。

消费主义认为,没有消费解决不了的问题。这就使消费几乎成为了一种信仰,而这一信仰来源于非理性的对无穷欲望的满足,而无穷欲望的满足必须依赖无穷的自然资源方能实现。但问题是,若自然资源无限,就完全不必担心自然满足不了自己的欲望,又何须粗暴地对待自然,以致造成生态危机?可见,消费主义自身有着无法克服的内在逻辑矛盾。按照消费主义的前提假设,既然自然资源无限,那么人的不管怎样的欲望都可从对自然资源的利用中得到满足。如果仍然得不到满足,那就一定不是因为自然资源不够丰富,而是因为人欲望中的某些方面无法通过无限的消费得到实现,甚至越消费越不满足,因为归根结底这既不是消费能够解决的问题,也不是自然资源能够满足的欲望,更何况自然资源并非如其假设那样无限。因此,这个问题的解决只能从消费之外寻求出路。但消费主义似乎已经越陷越深,不能自拔,从而误入越消费越不满足,越不满足越消费的怪圈。这一因消费主义的对无穷欲望的追逐而提出的关于自然资源无限的自欺欺人的假设所造成的不可避免的、依靠消费主义自身又不可能得到解决的矛盾也使生态危机越陷越深。

之所以会发生生态危机,是因为自然生态系统对人类生产的承受能力以及对废弃物的吸纳和消解能力都是有限的,一旦超出了这一限度,自然生态就会处于危机状态。消费主义是一种无节制的消费理念,而无节制的消费势必导致批量化的生产和多而快的废弃。批量化生产出来的商品是以"成本的外部化"为条件的,而自然生态系统就成为"成本外部化"的承担者。"成本外部化"的程度越高,生态危机发生的可能性就越大。"成本外部化"不仅表现在大量生产,也表现在由大量消费所产生的大量废弃。大量生产需要从大自然中获取大量原料和能源,在这一获取过程中,不可遏抑的贪欲使得生产者们对生态系统的开发利用保护不足,破坏有余,以致经过长期进化才逐渐形成的平衡、稳定而美丽的生态系统变得越来越脆弱。大量废弃则需要向大自然倾"污"吐"垢",大自然俨然成为藏污纳垢的天然所在。大自然就这样在大量生产和大量废弃的"内外夹击"下陷入"内忧外患"的危机境地。无论是大量生产,还是大量废弃,都因大量消费而起,而大量消费肇始于偏执的消费主义理念。必须指出的是,在消费主义影响下的大量消费引发的大量生产和大量废弃所造成的生态危机危及的并不仅仅是人类所栖息于其中的自然生态系统,更是栖息于自然生态系统之中,并作为其一部分的人类。

三、生态伦理视域下的消费主义

由消费主义所引起的生态危机使人类自身陷入困境,人类无法离开地球,因此不可能置身事外。在生态危机面前,人类成为休戚与共的命运共同体,同时也是道德共同体。著名的美国纽约世界观察研究所资深研究员艾伦·杜宁指出:"迎合全球消费者社会的经济学对于人类共同的地球资源遭受损害应负最大份额的责任。"①因此，消费主义不光是一个经济学的问题，生态危机也绝不是一个简单的仅靠技术就能解决的问题，也就是说，二者并非毫无关系的独立体系和孤立事件，而是存在着千丝万缕的密切关联。依艾伦·杜宁之见，前者不仅应对后者负责，而且"应负最大份额的责任"。而要求一个人对其行为担负责任总是以这个人拥有选择的自由为前提，如果这一前提不具备，就不应追讨其责任，哪怕造成消极后果的行为是由这个人发出的。"换言之，要某人承担责任，批评或谴责他，是以他拥有选择的自由为前提的，即他本有另一种做法的可能性，但他却这样地做了，所以他要承担相应的罪责，为此付出代价。"②但在这里，要求消费主义为受其影响所带来的生态危机承担责任显然更为复杂，因为首先我们将遇到责任主体的确定问题。消费主义作为一种消费理念要发挥其作用，必然需通过消费者的消费行为才能实现，而这里的消费者仍然是一个抽象的概念，消费主义正是要将一个个现实生活中的主体抽象化为一个个追求平等和幸福的消费者，然后再通过这些消费者将消费主义的价值理念付诸实施。

毋庸置疑，通过调动消费者的热情，鼓励他们付诸消费实践能够在一定程度上推动生产发展和经济增长，而经济发展与环境保护之间又存在着天然的矛盾。消费主义影响下的经济发展可谓一路高歌猛进，但这种经济发展模式也使自然生态环境节节退守，危机四伏。生态环境是一种"公共物品"，政府则是其合宜的供给主体和责任主体。从一定意义上说，政府在经济发展模式上是有选择自由的，因此，无论政府最终选择了什么样的经济模式，都

---

① [美]艾伦·杜宁：《多少算够：消费社会与地球的未来》，毕聿译，吉林人民出版社，1997年版，第28页。

② 甘绍平：《伦理学的当代建构》，中国发展出版社，2015年版，第262页。

应为此负责。在消费主义理念的影响下,以大量消费为核心,大量生产和大量废弃给环境造成了巨大压力,大量有毒有害的污染物被排放到自然环境中,这些有毒有害的污染物被称为环境恶物。"所谓环境恶物(environmental bads),指的是环境中被评价为具有负价值或零价值的部分,如各种有毒有害废弃物,被污染的河流和土地,森林和物种的减少,臭氧空洞,全球变暖等。"①这些环境恶物无论对自然,还是对人,在道德上都是恶的,是应加以消除和避免的。而对政府来说,"关于环境恶物,应确定一个最低限度的安全标准。不遭受低于此种标准的环境恶物的伤害,是一个人所享有的基本权利……社会的大多数人从对这种基本权利的侵犯中所获得的巨大利益不能成为这种侵犯的合理理由"②。确保不以社会利益或总体功利之名侵犯公民不遭受低于最低限度安全标准的环境恶物的伤害的权利是政府的责任,当然,这首先是一种消极责任,是底线道德要求,因为它关乎公民的生命健康安全,因此是不得突破、必须坚守的底线。

有必要指出,政府不是也不可能是消费主义和生态危机的唯一责任主体,看不到这一点对政府来说是有失公允的。政府虽然可能对消费者的消费理念产生影响,却无法控制具有选择自由的消费者的具体消费行为。因此,受消费主义的影响,并将其付诸消费行为之中的那部分消费者也当承担应有的责任,因为他们本可以选择另一种更为环保生态的方式消费。消费主义鼓励人们以消费作为自我价值的标识,在消费中享受人生的乐趣。因此,消费主义可被看成享乐主义的另一种表述,只是消费主义作为享乐

---

① 甘绍平、余涌主编:《应用伦理学教程》,中国社会科学出版社,2008年版,第225页。
② 甘绍平、余涌主编:《应用伦理学教程》,中国社会科学出版社,2008年版,第226页。

主义的新的表现形式,对物质的注重和消费的强调已经达到无以复加的地步,不仅对人本身的精神世界造成强烈冲击,使人浮躁、焦虑,心灵难以宁静安顿,深层需要得不到满足,而且也给地球生态带来极大压力。而"如果他们不再注重用物的形式来标识自我价值,地球的生态压力便会大大减轻。相信只要让越来越多的人意识到过度消费对于环境、对于幸福的无益,他们就能够并愿意转变他们的生活方式。生活上导向物质的简朴并不必然导致社会的退步,或是大幅度的失业,我们可以让更多的人从事精神活动的生产"①。如果因过度消费造成环境质量下降,那么这样的消费就不可能实现真正的幸福,因为人获得幸福的一个重要基础就是人所生活于其中的良好生态环境,环境质量得不到保证的幸福生活是难以想象的。

人与自然的关系是人所要面对和处理的诸多关系中的一对基本关系,遗憾的是,这一关系常常被忽视甚至忽略,以至造成二者关系的紧张乃至对立。当一些消费者(肯定不是所有消费者)秉持着消费主义理念随心所欲的消费时,人与自然的关系就开始一点点地偏离正轨。人们所消费的任何东西都不是无中生有,而是来自于自然。自然对于提供人们基本生活所需应该绰绰有余,但若满足消费主义的无限未知需求则远远不够。人类社会的进步与否并不必然以物质需求满足的程度和水平作为衡量的标准,人所处其中的各种关系越来越和谐也许对社会的进步更显重要,这里面当然包括人与自然的关系。在满足基本需求前提下的节俭生活是值得提倡的,节俭是一种合于"中道"的美德。但需要指出的是,节俭并不等于吝啬,也不与满足基本需求的消费相悖。因

---

① 张容南、卢风:《消费主义与消费伦理》,《思想战线》,2006年第2期。

此，节俭不仅意味着消费的合宜，也意味着生产的理性适度和废弃物排放的减少，而这些对生态系统的良性运行无疑将起到积极作用。

当前，中国面临经济发展和环境保护的双重压力。面对如此巨大压力，中国政府毅然决然地选择走可持续发展的道路。近些年来，中国政府提倡勤俭节约和大力推进生态文明建设，可谓切中消费主义的时弊，对于建设人与自我和人与社会和谐的精神家园以及人与自然和谐的生态家园无疑具有重要的价值导向作用，使政府勇于面对问题的责任担当意识得以充分彰显，也使人们对未来发展充满期待。

第二节　生态消费的伦理阐释

消费是人类生活的重要内容，是维系社会正常运行的必要条件。消费的前提无疑是生产，消费的结果则不可避免地产生出一定数量的废弃物。而无论是作为消费前提的生产活动，还是作为消费结果的废弃物，都与自然生态息息相关。生产需要的能源和原材料均取之于大自然，而废弃物却不可能排放于大自然之外。由此，连接产品生产和废弃物排放的中间环节的消费对自然生态可能产生的影响就具有不言而喻的重要性，尤其在消费主义大行其道的当今世界，这一重要性显得更为突出。生态消费正是在因消费主义所引发的种种生态风险和环境问题的过程中应运而生的，它不仅是一种全新的消费理念和生活方式，亦是一种深层的伦理表达方式。

一、消费与生态

人的一切消费活动均是在一定的自然生态中发生和展开的，并对自然生态产生或大或小、或隐或显、或久或暂的影响。这些影响通常都是消极的，区别仅在于程度不同。自然生态系统有着自身的运行和发展规律，给消费带来的消极影响的承受能力也是有限的，如果超过这一限度，生态就会出现危机，表现出自然对人类的"报复"。那种既希望无节制地尽情消费和享受，又期求避免自然"报复"的想法显然是荒谬和不切实际的，因此也是注定不可能实现的。"人定胜天"所反映的不过是某些人的一厢情愿和异想天开，在自然面前，人的渺小处处可见，狂妄自大只会使人在与自然的相处中陷入越来越不利的境地，以至麻烦和困扰时常发生。

可见，消费明显地包含着人与自然的关系。在消费中，自然已不再是与人无关的纯粹客观的存在，而是已成为对人而言的价值性存在，如消费价值。同样，人也不再是与自然无关的主体性存在，人所秉持的消费理念，所付诸的消费实践，都必作用于自然，并通过自然将消费的效果显现，进而反作用于人本身。换言之，"消费是人与自然关系在社会中的统一，是首要的社会实践活动，是人—自然—社会关系的纽带，因为消费，人与生态自然时刻发生着物质交换的过程，消费成了人与自然关系的'显示器'"[1]。消费作为人与自然关系的"显示器"，不仅起到客观呈现的描述性作用，而且能够在一定程度上促使作为"软件"的人意识到与作为"硬件"的自然的密切结合及和谐相处的重要性，从

---

[1] 隋牧蓉：《生态消费：生态文明建设的必然选择》，《沈阳师范大学学报（社会科学版）》，2013年第6期。

而使消费这一"显示器"所显示出来的人与自然的关系步入良性互动的发展轨道,也使人与自然的生态系统处于一种动态平衡的健康状态。

当然,消费与生态的关系并不总是令人满意,而是充满着诸多的矛盾,甚至对立冲突,环境问题也就因此而产生。在这对关系中,作为消费主体的人向自然生态的主动摄取和排放使前者成为环境问题的无可推诿的责任承担者,而后者的"无辜受害"则更加重了这一责任。"消费问题是环境危机问题的核心,人类对生物圈的影响正在产生着对于环境的压力并威胁着地球支持的生命的能力。从本质上说,这种影响是通过人们使用或耗费能源和原材料所产生的。"①消费问题在环境危机问题中所处的地位由此可见一斑。从表面来看,环境危机问题的产生与生产方式的不当以及由此导致的对自然资源的无节制的、掠夺式的开发利用直接相关,而其深层的根源却与消费密不可分。在市场经济环境下,消费是促进生产的第一推手,而无论生产还是消费,都会给生态环境带来压力,甚至形成挑战。人类近代以来的发展历史,尤其是20世纪以降的人类实践已经反复并有力证明,消费问题不仅是环境危机问题的核心,甚至是其根源本身。一旦人们的消费理念、消费倾向和表现出来的消费行为出现问题,环境危机问题就会相伴而生,不可避免。消费不足会引发经济危机,而为应对经济危机,刺激大量消费就是看似情理之中的"明智"选择。这种几乎成为共识的选择,却将经济危机所承受的代价转嫁给了人类生活于其中且须臾不可离的自然生态环境。但这种转嫁已经被证明是不成功也

---

① [美]施里达斯·拉尔夫:《我们的家园——地球——为生存而结为伙伴关系》,夏堃堡等译,中国环境科学出版社,1993年版,第13页。

不可能成功的，它在造成环境危机的同时，也并没有从根本上消除和解决经济危机，反而使消费与生态之间的矛盾愈加突出。

问题总是产生有因，也是解决有道的。但我们这里所论及的消费与生态之间存在问题的解决，事实上似乎并不顺利，这也许部分地与不同学者对消费有着不同的界定和理解及其对人们的消费行为所产生的影响相关。如麦尔斯在生物生理学意义上将消费界定为"人类的物质和能量的转化"，环境的重要性对消费来说似乎是自明的。文森特和帕纳尤多以经济学的视角对消费进行阐释，认为消费即市场上商品和服务的交换，因此这两位学者下结论说"并不存在显见的消费问题"。可见，由于角度的不同，学者们对"消费是否普遍地与衰退的环境相关联"这一问题的意见不同也就不足为奇了。[①]生物生理学意义上的消费仅仅看到人作为肉体的存在，人的肉体的生命通过与其所处的环境之间进行物质和能量的交换与转化得以维持，因此，环境就显得格外重要。这种自明的重要性表明人对环境的消费是自然而然的，环境为人提供人所需要的物质和能量也是理所当然的。按照这种理解，根本无需考虑人的消费需求是否合理正当，是否会给环境带来"不能承受之重"，因为在他们看来，消费不过就是在环境中"人类的物质和能量的转化"，仅此而已。无论环境的状况如何，也无论消费给环境带来什么样的影响，都不会改变这一点。经济学意义上的消费则更多强调的是消费所具有的交换价值，没有交换就没有消费，只要交换顺利进行，就不存在"显见的消费问题"。这种理解仅将消费视为一种经济行为和经济活动中的一个环节，而根本无视消费

[①] Paul C. Stern, Thomas Dietz and Robert Alcock. Consumption and Sustainable Development Science, New Series, Vol. 276, No. 5319 (Jun. 13, 1997), pp. 1631–1633.

可能给环境带来的问题，即使这一问题是客观存在的。

虽然学者们可以从各自不同的角度来看待和回答"消费是否普遍地与衰退的环境相关联"这一问题，但很明显，这并不是独属于他们本领域的特殊问题，而是一个具有普遍意义的与包括他们在内的每个人相关的问题，而且问题中已经明确提示环境在衰退，如果不是有意回避，就不可能看不到这一点。因此，这绝不仅仅是一个专业或技术问题，而是一个多少带有忧患意味的伦理问题，而达成对于这一问题的某种伦理共识无疑是我们愿意看到的。

既然消费与生态之间存在着如此紧密的关系，那么作为消费主体的人所能做和所应做的就是尽可能地降低消费给生态造成的消极影响。不可持续的消费方式将使生态环境面临危机，可以看出，消费的可持续与否主要是就生态环境而言并受其影响的。消费与生态可谓一荣俱荣、一损俱损。因此，包含丰富伦理意蕴，并体现出历史与逻辑的合目的与合规律统一的生态消费概念一经提出，便被人们普遍认可和接受。

二、生态消费：消费的生态伦理化

人生存于天地之间所需思考的一个重要问题就是"如何生活得更好"。显然，消费并不能给人提供满意的答案。消费在满足人的基本需求之后，若再消费更多的产品就是浪费，因为每个人的基本需求虽有多有少，但毕竟总是有限的。将消费从手段变为目的，将人们对幸福的追求从内在转向外在，由深层浮于浅表，从精神的需求转向世俗的物化，这是为消费而消费的消费主义。如今消费主义俨然成为一种重要的思想观念，左右着相当一部分人的日常生活。生态消费主要就是针对消费主义提出的。诚然，生态消费并没有如消费主义那样向人们许下种种关于幸福动听而虚幻的诺言，但却使人看到自己存在的现实，那就是在天地之间，人作为万物之灵长，要与自己的道德地位相称，以自己的内在德性"顶天"，同时以自己的肉体持存"立地"。"立地"表明人的现实性，人不可奢望仅靠肉体的满足，哪怕是最大限度的欲望满足来"顶天"，而这正是消费主义要做和在做的。消费主义本末倒置，当然不会给人带来幸福，更不会使人"顶天立地"。

消费主义的消极后果是使人所"顶"之"天"和所"立"之"地"，以及天地之间的自然生态受到严重危害。生态消费竭尽所能，希冀挽回生态的"颓势"。"生态消费，指既符合物质生产的发展水平且又符合生态保护的发展水平，既能满足人的消费需求而又不对生态环境造成危害的绿色化的或生态化的消费行为。"[①]对生态消费的界定中包含着生产、消费与生态等几个基本要素。首先，要做到生态消费，必须符合物质生产的发展水平。超越物质生产所处的特定发展阶段，消费就会给生态带来额外的压力，造成生态危机。这样的消费显然不是生态消费。同时，生态消费一定是以满足人的消费需求为前提的，如果不能满足这一基本条件，那么消费作为实现人作为目的本身的手段就是可疑的。断不可以牺牲人的消费需求的满足而保护生态。保护生态是为了人，消费也是为了人，两者并非非此即彼的紧张对立。为了满足人的消费需求而进行的物质生产以及消费本身都必然会对生态环境产生消极影响，这是不可避免的，不承认这一点就不是实事求是的科学态度。只是需要强调的是，要将这种消极影响尽可能地降低，其限度就是不对生态环境造成危害。

[①] 隋牧蓉:《生态消费:生态文明建设的必然选择》,《沈阳师范大学学报(社会科学版)》,2013年第6期。

有必要提醒，消极影响和危害是两个完全不同的概念。对生态环境的危害与对生态环境的消极影响并不是一回事，对生态环境的消极影响未必造成对生态环境的危害，虽然危害通常是由不加限制的消极影响发展而来的。这种消极影响如果保持在生态环境所能承受的对由消费产生的有毒有害废弃物吸纳降解能力的限度之内，应该是可以接受的。若将对生态环境的消极影响都算作危害，并力图消除，在一定意义上说是做不到的。我们所能做的和所应做的是尽可能地将这种消极影响降到最低限度，而不是完全消除。将不可能做到的事情作为道德追求的目标，不但达不到目的，还有可能适得其反，甚至连造成危害的那一部分消极影响也会被消极对待，而不去积极地减少或避免。

生态消费是不对生态环境造成危害，但不仅仅是消极影响的消费行为。若从这一点来看，生态消费这一概念的上述界定似乎确实抓住了问题的关键。但这一界定特别使用了"绿色化的或生态化的"这样的限定词，正是这一看似科学严密实则不够周全的限定使生态消费这一概念所应包含的人与自然的和谐关系大打折扣。严格地说，生态消费不能简单地被视为消费的生态化，因为如果做那样的理解，生态消费就成了主要是消费者个人的事情了。而一旦成为个人的行为，消费者在最终付诸消费行动时是否采取生态化的消费方式则是无法预期的，因为毕竟人与人之间的消费能力、消费动机、消费偏好和消费理念千差万别。另外，我们不难发现，在这一界定中，主客二分的倾向以及人作为主体的绝对强势地位表现得较为明显。通过这一界定可以看出，作为主体的人首先要进行消费，至于对生态环境的保护，则仅限于事后不对其造成危害。但如果因消费造成了对生态环境的危害，采取何种措施加以补救则似乎不在生态消费这一概念所涵盖的范围之内。

实际上，生态消费上述界定的基本思想是清楚的，那就是要在满足人的消费需求的同时尽到保护生态环境的责任。但众所周知，就生态环境的保护而言，预防显然要重于补救，因为生态环境一旦被破坏，往往很难补救。而这正是在界定生态消费时所需突出的关键所在。

生态消费所包含的另一重要观念是消费满足的应是人的基本需求，超出基本需求的消费很可能导致消费主义，而消费主义无疑是我们极力反对的。若将生态消费仅作为对基本需求的满足来看待并在生活中付诸实践，那么其所需要的更多的是指向个人内在德性的消费的伦理化或消费伦理。生态消费不仅是对个人德性的内在要求，还需处理外在的人与自然的关系。因此，生态消费既不仅仅是消费的生态化，也不仅仅是消费的伦理化，而是消费的生态伦理化。有鉴于此，我们这样界定生态消费：生态消费是以人与自然和谐的生态伦理思想为指导的满足人的基本需求的消费行为。这一从生态伦理角度对生态消费所作的界定主要涵盖以下几方面的要义：

第一，体现预防原则。生态消费不是以消费为前提强调对生态环境的保护，而是将人首先置于人与自然的关系之中，并以人与自然和谐相处作为消费行为的规范和导向。对"以什么为前提做什么"这一问题的不同回答将会带来不同的后果，在消费与生态的实践关系中反应尤其明显。生态消费不同于以往消费的关键在于，其更加注重生态在消费中的地位与规导意义，对人们的消费行为可能给生态环境带来的影响提前作出预测，以减少消极影响的发生，并尽最大努力避免消费给生态环境造成危害。应该说，生态消费是预防原则在处理消费与生态关系中的具体运用。如果不能在消费实践中充分体现预防原则，生态消费的提出就如同在"消费"之前加上没有任何内容的"生态"二字,必将失去其应有价值。

第二,凸显人的道德地位。生态消费的主体毫无疑问是人与自然中的"人",而这里的人并不仅仅指个人,因消费主义引发的种种生态危机而提出生态消费并大力倡导践行这一事实本身,就已经是在更广泛的意义上将整个人类作为休戚与共的命运共同体,同时也是伦理共同体来看待的。因此,在生态消费中,人的道德地位不仅突出表现在人在消费过程中自觉以人与自然的和谐作为消费行为的出发点和落脚点,从而践行对自然生态的道德关怀;而且更通过"立地"消费将"天地之大德曰生"彰显出来,以"立地"而"顶天",共同撑起每个人皆有份于其中的人类伦理共同体,既独善其身,又兼善天下。

第三,注重精神追求。生态消费以满足人的基本需求为限。所谓基本需求,犹如中国有句俗语所说:家有黄金万两,不过一日三餐;家有良田万顷,只睡三尺宽床。一个人拥有再多的财富,他的个人消费也不过如此。当然,"如果不断增加的财富能够使我们消费更少而享受更多,那么这样的繁荣就会产生对我们所生存的星球的更少破坏"①。财富不断增加却消费更少而享受更多,毫无疑问,这里的消费是指对基本需求的满足,享受是就精神层面而言的。而这样的消费和享受都对我们所生存的地球产生较少破坏,因此符合生态消费的伦理要求。生态消费并不简单地反对财富,也不反对人们追求财富,因为追求财富是需要勤劳、节俭、诚实这些美好德性的,而这些德性本身就是值得称道的。生态消

---

① Paul C. Stern, Thomas Dietz and Robert Alcock. Consumption and Sustainable Development Science, New Series, Vol. 276, No. 5319 (Jun. 13, 1997), pp. 1631–1633.

费反对的是对财富的过分看重,甚至为了追求财富不择手段,挑战道德底线;也反对拥有财富之后挥霍无度,大肆消费,将消费作为炫耀财富和彰显身份的手段,最终导致为消费而消费的消费主义。简言之,生态消费对财富的态度是"取之有道,用之有度",这里的"度"可以理解为基本需求的满足,而这本身即是注重精神追求的表现。也就是说,对物质消费的"知足"和对精神追求的"不知足"是生态消费的"一体两面"。当我们拥有不断增加的财富而使我们在满足基本需求之外有了越来越多的剩余财富时,我们就可以利用这些财富不断进行精神生活的创造和享受,而这正是生态消费的题中应有之义。

三、生态消费中的伦理责任

每个人都需要消费,而消费与生态又有着如此密切的关系,因此,在消费主义对人们的消费行为产生有形无形的影响,同时伴随着对生态环境的或隐或显的危害的当代社会,提出生态消费并将其付诸实践就是伦理责任的一种充分表达。这一伦理责任的显著特点是指向未来,即对未来自觉地承担起道德义务。"我们消费者有约束我们消费的道德义务,因为我们的消费危害了未来后代的机会。"[①]因此,生态消费的首要伦理责任就是使我们的消费不对未来产生危害。这是对当代人之于未来后代的道德底线,也是人类道德进步的重要基础。在人类历史的发展长河中,总有上游、下游之分,而且时间的一维性也决定了上游与下游的不可逆性和非交集性。当代人处在时间的上游,相对于处于时间下游

[①]〔美〕艾伦·杜宁:《多少算够:消费社会与地球的未来》,毕聿译,吉林人民出版社,1997年版,第101页。

的后代而言拥有优势地位。因此,从某种意义上说,后代的机会如何或机会多少并非完全掌握在他们自己的手里,而是不可避免地受制于当代人的观念和实践。当代人的消费行为及其生态效应将会对未来后代的机会选择产生直接或间接的影响。也正因如此,加重了当代人的伦理责任。

生态消费对未来后代的伦理责任是通过当代人对当下消费中存在问题的解决和对自然生态的保护得以实现的。生态消费中所蕴含的伦理责任与消费主义中所包藏的不负责任形成了鲜明对比。消费主义总是千方百计地诱导消费者进行各种超越其基本需求的消费,但对受其影响的歇斯底里般的消费将给生态环境造成的消极后果却很少顾及。它往往以"消费者主权原则,即消费者至上原则"[1]作为激励消费者"从容就范"的"法宝"。事实上,"顾客就是上帝""消费者至上"等宣传和表述并不是对消费者的真正尊重,它已经超越了简单的经济范畴,嵌入到了消费的社会关系之中。为什么要将消费者捧为"至上"呢?关键其实不是消费者而是钱。钱在那里被"替身化"了:先人格化(消费者)再神格化(至高无上)。它明白无误地宣告一种人际交往的不平等原则,[2]是钱而不是消费者才是真正的"至上神"。"消费者至上原则"可能并非真心抬高消费者的社会身份和地位,但却在无意之中无情贬损了消费者的尊严。因此,摒弃消费主义既是消费者对自己精神的拯救、尊严的捍卫,亦是对人与自我关系的恢复,对人与自然关系的和解。将生态消费定位于对基本需求的满足,可

---

[1] 矫海霞:《现代性消费伦理的演变与生态消费伦理的提出》,《上海行政学院学报》,2003年第4期。

[2] 彭兆荣:《旅游人类学》,民族出版社,2004年版,第90页。

以使人们将现代社会因工作效率的提高而节省出来的大量时间和精力用于对精神生活的追求，为精神释放更多的自由空间，在减轻人们精神压力的同时，也减轻了生态环境的压力。生态消费给人与自然两方面的伦理责任所带来的回报，可以说是丰厚的。

但毕竟"消费者实施生态消费行为的成本是内在的，结果却具有较强的正外部性，即利他性。生态消费者的行为后果将减少对资源的浪费和污染，保护环境，实现人类经济社会与自然的和谐发展，但是绿色消费也是需要付出成本的，比如节能空调比非节能空调的价格要高很多；同时实践生态消费行为的成果也是间接的，在短时期内看不到，这种成果又可能被其他人所享受。这就使得消费者的生态消费行为的动力不足。除非生态消费的成本由政府来承担，否则，消费主体的自利性根本无法成为实现生态消费行为的内在动力"①。生态消费行为成本的负内部性（当然这是指相对于非生态消费所增加的那部分成本而言的）和结果的正外部性，消费主体的自利性和生态消费的利他性，是消费者实施生态消费行为所面临的现实矛盾和两难困境。如果消费者实施生态消费行为，那就意味着他将承担起成本的负内部性。同时我们也看到一个令人沮丧的现实，那就是并非每个人都有实施生态消费行为的意愿和能力，更不用说实际的行动了。有些人有意愿无能力，而有些人有能力但无意愿，这两种情况都不会产生实际的行动，却可因生态消费结果的正外部性而不必付出任何努力就坐享其成。而那些既有能力又有意愿的消费者，还存在内在动力能够持续多久的问题。即使这些消费者切实地实施了生态消费行为，

---

① 薛萍、尹晶晶：《传统生态消费理念的批判与科学生态消费理念的价值评估》，《理论导刊》，2011年第5期。

他们是否能够一直坚持下去也是一个令人担忧的问题，其原因在于我们上述分析的那样。要解决消费者实施生态消费行为内在动力不足的问题，不外乎还是要从消费者所处其中的两难困境本身入手。生态消费结果的正外部性和利他性是毫无疑问的，也是消费者所乐见的。关键是成本的负内部性因受消费主体自利性的影响人们多不愿付出，这也无可厚非。由此也可以看出，如果成本的负内部性问题能够得到解决，生态消费行为是无需担心缺少实施主体的。

　　生态消费所意欲保护的生态环境是一种"公共物品"，而政府作为公共利益的代表和公共资源的掌握者，无疑是其合宜的供给主体和责任主体，当然也是生态消费所产生出来的负内部性的成本的适当的承担主体。政府对生态消费的伦理责任，一方面表现为在全社会倡导生态消费的理念，营造生态消费的氛围，使消费者意识到生态消费对于保护环境、实现幸福的重要意义；另一方面则表现为对消费者实施生态消费行为的切实推进。政府可以通过种种经济调节政策和成本承担措施鼓励和激励消费者实施生态消费行为，同时对生产符合生态消费要求的产品的企业给予成本补贴和物质奖励，并为该企业免费提供广告宣传。反之，对那些生产不符合生态消费要求的企业则课以重税，并处以重罚。这样做就相当于给作为市场主体的企业传递一个信息，那就是生产生态消费品不仅不会增加生产成本，反而使企业能够得到更大的效益，从而在生产者与消费者之间形成良性互动。而对于政府来说，用于支持企业生产和消费者消费生态消费品所增加的那部分成本是超值的付出，它带来的回报绝不仅仅是用金钱或经济指标可以衡量的。完全可以想象，政府如果只追求眼前的经济效益，置生态环境于不顾，鼓励大量生产，刺激大量消费，其结果必然是大量废弃物的产生和对自然环境的大肆破坏，以至造成对生态环境的巨大压力，乃至环境问题丛生，生态危机四伏。对此，政府又不可能不闻不问。而这种"先污染，后治理"的道路和模式所付出的代价，一定比事先预防式的用于生态消费所增加的成本要大得多，因为生态环境一旦被破坏，就很难恢复。由于政府肩负着不可推卸的保护和治理环境的伦理责任，因此，明智地选择以生态消费促生态生产的发展模式，无论从经济成本的节约方面来说，还是从对生态环境的保护方面而言，都应被视为政府对其伦理责任的切实践行。

简言之，消费同生态一样，都是人须臾不可离的。生态消费作为生态伦理化的消费模式，主张在人与自然和谐相处的前提下，满足人的基本需要，并崇尚对精神生活的孜孜追求，充分彰显了"以人为本"的内涵和特点。近年来，中国政府大力提倡勤俭节约精神和全力推进生态文明建设，为生态消费创造了良好的社会环境。生态消费既非完全个人之事，亦非完全政府之责，而是需要二者的密切配合与精诚协作。我们有足够的理由相信，只要政府以服务公众为使命，以保护生态为己任，勇于担当，善于作为，能够"慷慨解囊"为生态消费"买单"；同时广大公众积极响应，广泛参与，踊跃加入到生态消费者的行列中来。通过二者共同努力，"美丽中国"之梦的实现会离我们越来越近。事实上，它正掌握在我们的手中。

第二章　先秦儒家伦理思想中的生态关怀

生态消费虽然是在当代生态危机背景下提出的一个具有人文关怀精神的概念，但在中国传统文化体系中从来都不缺乏关于生态消费的伦理思想资源。中国先秦时期儒家伦理思想中就包含丰富的生态关怀的因素。先秦儒家伦理思想虽以人为关注核心，但通过将人道求诸天道，在不经意间自然而然地构筑起了"天人合一"的精神世界。这里的"天"不仅具有形而上的本体论意义，亦有形而下的天然或自然的物理意义。"天人合一"在先秦儒家伦理思想中占有重要地位，这一点应该说是毋庸置疑的。

但，天人合一的确切意指为何，何以成为先秦儒家的境界追求，用以指导先秦儒家生态伦理的实践路径是什么，这些都是我们在探究先秦儒家生态伦理思想时不得不面对和要解答的根本性问题。

第一节 天人合一：先秦儒家生态伦理的境界追求

一、天人合一与天人合德

首先来回答天人合一的确切意指是什么这一问题。要回答这一问题，关键在于其中的"一"。这里的"一"即"德"，天人合一也即天人合德。这也就意味着天人德性同源。自觉地在天人德性同源方面作出全盘体认、印证和阐明的是孔子及其后的思孟学派，孔子曰："天生德于予。"（《论语·述而》）《周易·乾卦·文言》曰："夫大人者，与天地合其德，与日月合其明，与四时合其序，与鬼神合其吉凶，先天而天弗违，后天而奉天时。"《中庸》曰："天命之谓性。"孟子曰："尽其心者，知其性也。知其性，则知天矣。"（《孟子·尽心上》）以上这些引述，指出了两点：一是人的德性所赋于天，"人的德性在自然规律不可违背的前提下建立人心向善、为善为德的德性论。因为天道自然有至善的本性，所以人要有厚德载物的德性"①。人之向善的本性、为善的德性皆受禀于具有至善本性的天道自然。二是天人合一于德。由天道而人道，人道得于天道，大道流行，德得相通，以臻于天人合一之境，天人合一是天道与人道之间所共通、共本之德。

"总体来说，先秦儒家的'天人合一'实际上包含了三个层面的意思。其一，在天与人的关系定位层面上，天人一体，构成完整的系统。趋向在合，不在分。其二，在生态道德目标层面上，

---

① 李长泰：《论先秦儒家自然生态观对德性论的构建》，《管子学刊》，2014年第1期。

天人共生共荣，自然生态和谐，人类才和谐。其三，在生态道德准则层面上，人应遵循自然规律，法则自然，不违背客观规律。"①这三个层面是"三位一体"的。天人合一首先表明天与人，或人与自然是一种合一的关系，这种关系是密不可分的，也是不容破坏的。这种关系是一个系统，是由人与自然所共同组成的生态系统。在这一系统中，唯有人与自然和谐相处，共生共荣，才能保持生态平衡。一旦生态失衡，人与自然的关系就不再和谐。因此，为了保持和维护良好的天人关系，就需要对人的行为进行规范。毕竟在这一关系中，人是具有主观能动性的实践主体，人的实践活动对这一关系具有决定性影响。"在'行为规范'方面，儒家所主张的规范可以简略地归纳为主要是一种'时禁'。支持儒家生态伦理的精神主要是一种'天人合一'、与自然和谐的精神。"②"时禁"的规范即意味着人的实践活动应遵循自然生态的发展规律，禁止做违反客观规律的事情。可见，先秦儒家"天人合一"的生态伦理精神本身即包含着对人的行为进行道德约束的规范要求，同时表明"天人合一"不仅是一种生态伦理精神或理念，也是一个需要实现的伦理目标。因此，不应仅仅将"天人合一"看作一种静态的理论、观点或主张，更应看作一个不断被实践着的人类活动。而这一不断被实践着的人类活动本身即是人类反思批判精神的体现，它是对现实的天人不够合一的批判。这既是一种主观精神的批判，亦是一种客观理性的批判。正是这种批判的不断驱动才使得天人越来越合一，人与自然之间的关系越来越和谐。人的主体性也在这一过程中不断得以彰显。

---

① 霍功：《先秦儒家生态伦理思想与现代生态文明》，《道德与文明》，2009年第3期。
② 何怀宏：《儒家生态伦理思想述略》，《中国人民大学学报》，2000年第2期。

但天人又毕竟有别,这从先秦儒家在处理天与人之间的关系中可见一斑。先秦儒家明确地意识到了人的主体地位,因此能够对人的行为作出自觉的规范。"从道德的主体或代理人、能动性方面,人在此无疑是居于中心地位,甚至在价值论上也是如此,但由于儒家实际上是把天、地、人视为一个有机的整体,把天道与人道紧密地联系起来思考,所以,我们也许可以说,儒家初见雏形的生态伦理既是人类中心的,又是生态中心的,它在行为规范方面主要是人类中心的,是天人有别的,而从其后面的支持精神和宇宙哲学看,它又是生态中心的,是整体论的,天人合一论的。"① 关于人类中心与生态中心的讨论乃至争论,生态伦理学界可谓由来已久,见仁见智。但不管持有何种观点,似乎都是在将此二者看成彼此对立,甚至水火不容,这是需要予以纠正的致思路径。我们讨论这一问题本身意味着什么?不谈人的主体性,一切都将失去价值。这一点基本上可以作为一个事实判断。因为如果没有人的存在,一切的存在有何意义?人的存在是一切存在的前提,虽然任何人都可以提出反驳,说自然是"先在于人"的,但即使这一判断是一个事实(事实上也确实是一个事实),对这一事实言说的仍然是作为天人关系中唯一主体的人。"先在于人"的自然在人还不存在的时候只不过是与人毫无关系的自然,仅此而已。

指出人的主体性这一点很重要,因为这一点可以从根本上解决两个"中心"之间的分歧,使二者统一于"人"。批驳人类中心的学者们通常都将当今人类所面临的诸多环境问题归因于这一中心,认为人类中心导致人与自然主客二分,并担心由于人类中心

---

① 何怀宏:《儒家生态伦理思想述略》,《中国人民大学学报》,2000年第2期。

而使天人合一无法实现，甚至离天人合一渐行渐远。人与自然的主客二分是人类中心造成的吗？人类中心必然导致天人不合吗？人类中心全然都是负面的吗？如果人类用于约束自己的生态行为而制定规范也算是人类中心的话（难道不是人类中心吗？），这跟生态中心又有何区别呢？早在先秦儒家那里，这两个中心不是一直并行不悖地存在着吗？的确，对于先秦儒家来说，天人有别与天人合一是辩证统一的，人类中心与生态中心是和谐并存的。实际上，先秦儒家意识到并提出天人合一就已经表明天人有别，而生态中心的实质也是人类中心。天人合一是一种理想状态，生态中心的整体论不可能以生态为中心，它不过是变了形、化了装的人类中心。由此可见，人类中心是不可避免的，先秦儒家的天人合一必然是以人类为中心的。

二、人类中心主义的不可避免性

这里显然存在一个如何理解人类中心主义的问题。当然，我们不必从刚一开始就站在为人类中心主义辩护或与人类中心主义势不两立的立场来面对这一问题，因为如果那样，这一问题就没有讨论的必要了。而若将人类中心主义仅仅拘泥于形而上的思辨同样不但无助于对问题的澄清，也无助于对问题的解决。这一要澄清和解决的问题就是人类中心主义与环境问题的关系问题。"所谓环境问题，并不是人类与自然的矛盾与冲突的问题，而是今天生活在自然中的人与未来生活在自然中的人的关系问题。破坏环境并不是对自然的不负责任的行为，而是对后代的不负责任的行为。"[1]也就是说，环境问题的实质仍然是人的问题，是人与人

---

[1] 甘绍平：《我们需要何种生态伦理？》，《哲学研究》，2002 年第 8 期。

之间的关系问题,是当代人与后代人的关系问题。从这个角度来看,人类中心主义与环境问题并不是原因与结果的关系,而是同一的关系。不是人类中心主义导致了环境问题,而是环境问题本身就是一个人类中心主义的问题,是整个人类的代与代之间的代际关系问题。这里的代际关系显然指的是在场的当代人与不在场的后代人之间的关系。

作为与环境问题处于同一关系的人类中心主义中的"人类"是从人类整体来说的,是前人、今人和后人连绵不断的命运共同体。环境问题不可能是由人类中心主义造成的,否则凭着人类整体的力量来破坏环境,环境问题必定会比现在更为严重。之所以没有造成更为严重的环境问题,是因为造成环境问题的原因绝非人类中心主义,而是另有所指。非人类中心主义所反对的其实不是人类中心主义,而是另有所指。而这个另有所指究竟所指为何,非人类中心主义并不清楚,所以索性就将人类中心主义作为反对的对象。而对于整个人类来说,人类中心主义具有不可避免和不可消除的性质。"人类中心主义之所以是不可避免的,这乃是由伦理学的性质决定。义务逻辑的根本特征是:要想使他者的目的成为道德代理人的行为动因,道德代理人就必须把他者的目的当成自己的目的。这是任何一种建构非人类中心主义伦理原则的努力都会面临的非偶然的、实质性的限制。价值观总是评价者的价值观。只要人类属于评价者,人类的价值观就是不可消除的。"① 把他者的目的当成自己的目的,也就是人类作为命运共同体,成员之间互为目的,这才是人类中心主义的真义。因此,"作为命运共同体的人类成员之间互为目的的人类中心主义是造成当今人

---

① 杨通进:《环境伦理:全球话语 中国视野》,重庆出版社,2007年版,第148页。

类所面临的诸多环境问题和严重生态危机的根源"这一命题就是不可思议，令人匪夷所思的。"不可消除的人类中心主义因素则是由这一事实决定的：我们不可能把道德关怀给予那些与人类没有任何相似之处的存在物。'如果一种伦理原则的终极目的是对人的行为产生决定性的引导功能，以人作为参照系就是不可避免的，甚至在把道德关怀扩展到非人类存在物时也是如此。'"①由于人类中心主义所包含的伦理属性，人类将道德关怀的对象扩展到非人类存在物就是自然而然和顺理成章的。

人类中心主义的批评者不会取得成功，不仅因为伦理学的人类中心主义是不可避免也不可消除的，而且，"在海华德看来，伦理学中被正确地理解的人类中心主义并不如它的批评者想象的那样有害，人类中心主义的批评者没有准确地理解人类中心主义的精神实质；人类中心主义的某些要素是不可避免的，甚至是值得欢迎的；许多应当加以谴责的破坏环境的态度和行为，完全不能冠以人类中心主义的名称；对人类中心主义的错误拒斥未能反映这一事实：对非人类存在物和某些人类群体的伤害不是由一般意义上的人类、而是由从这种伤害中获取利益的特定人群做出的。因此，对环境价值观的讨论最好不要与对人类中心主义的模棱两可的拒斥搅和在一起"②。将这种不是由一般意义上的人类，而是由从这种伤害中获取利益的特定人群造成的对环境的破坏当作人类中心主义进行批评显然是有失允当的。"海华德认为：'在环境伦理学和生态政治学中被放在人类中心主义名下加以批判的是这样一种做法：在关心人类利益时排斥对其他物种的利益的关心，

---

① 杨通进：《环境伦理：全球话语 中国视野》，重庆出版社，2007年版，第146~147页。
② 杨通进：《环境伦理：全球话语 中国视野》，重庆出版社，2007年版，第151页。

甚至以牺牲其他物种的利益为代价。'但是，对人类利益的这种不合理的极端的偏爱不宜用人类中心主义一词来表达，而应当用物种歧视主义和人类沙文主义这两个词来表达。"①物种歧视主义和人类沙文主义才是人类中心主义的批评者所要寻找的批评对象。物种歧视主义武断地拒绝把道德关怀扩展到具有道德相关性的非人存在物的类似情形中，而人类沙文主义总是以偏向于以对人有利的方式来选择和确定那些与道德有关的标准。所以，"如果说，物种歧视主义涉及的主要是享有尊严和获得尊重的相关标准的应用，人类沙文主义涉及的则主要是享有尊严和获得尊重的相关标准的制定"②。这里已经为我们提供了如何克服物种歧视主义和人类沙文主义的原则标准，那就是"从原则上说，克服人类沙文主义所需要的主要是一种好的信念和一种具有同情心的道德心理倾向；而在克服物种歧视主义时，人们所需要的则主要是道德判断的连贯性和非武断性，同时，还需要具有科学知识，以便确认在区别对待人类和非人类存在物时，哪些区别对待是武断的，哪些不是武断的"③。

至此，即使是人类中心主义的批评者也能明确，环境问题的根源究竟何在。如果这些批评者仍然坚持对人类中心主义的批评，那么，这种批评就是武断的和让人难以接受的。其实，非人类中心主义虽然对人类中心主义极尽批评之能事，但其自身所隐含的矛盾和冲突却暴露无遗。因为它在缺乏确定知识的基础上，将人所挑选的某些特定价值投射给了非人存在物，这实际上是一种更

---

① 杨通进：《环境伦理：全球话语 中国视野》，重庆出版社，2007年版，第142~143页。
② 杨通进：《环境伦理：全球话语 中国视野》，重庆出版社，2007年版，第144页。
③ 杨通进：《环境伦理：全球话语 中国视野》，重庆出版社，2007年版，第145页。

为隐蔽的人类中心主义，同时也犯了拟人论的错误——"任何一种试图把人类中心主义从伦理学中排除出去的努力也必然会犯这样的错误"①。当然，人类中心主义是无法从伦理学中被排除出去的，它始终就在那里，而且自古至今一直根基稳固。

三、天人合一与人类中心主义

先秦儒学是积极入世的学说，它充分肯定人的主体地位，这在其对待天人关系方面表现得尤为明显。"人居天地之中，是天地定位所生，又为天地之心，故人顶天立地，人道主仁义，在成事成物上最高成就要人和，人和（和于天、和于地、和于他人及和于身心）是万物和谐，天地长久和谐运行的一个最重要的前提条件，天地有自己的轨道和法则，而人则要尽人之本分和职分……只有把人之仁性和善端发挥出来，人与人关系就和谐了，这样整个天地人与万物就能成为一个生机勃勃，繁荣昌盛的和谐生长局面，这才是儒家思想的真正广大和与天合一的宇宙生态和谐的景象和图景。"②天人合一内在地包含天和与人和两个方面。所谓天和，即天人之和，亦即人与自然之间的和谐关系。所谓人和，即人与人之间的和谐关系。可以看出，天人合一并不单单指天人的合一，还包括人与人之间的合一，人与人之间的和谐共处。在先秦儒家那里，人和比天和更重要，也更具现实意义，因为毕竟在先秦时期，天人关系或人与自然的关系远远达不到今天如此紧张的程度，因此完全没必要作为一个"问题"而被重视并解决。人和则是当时一个迫切需要解决的问题。当然，在先秦儒家看来，天和与人

---

① 杨通进：《环境伦理：全球话语 中国视野》，重庆出版社，2007年版，第147页。
② 范秀丽、何小玲：《儒家思想与中国当代伦理》，中国社会科学出版社，2015年版，第102~103页。

和之间的关系并非无关紧要，无天和则人和无所本，无人和则天和无所成。人既为天地之心，必要承担起为天地立心的道德责任。而仁正是先秦儒家为天地所立之心。

前已述及，天人合一即天人合德，而仁即是天人合一之德。通过将人的心性之仁与天地生生之大德相匹配，天人便融贯为一。显然，对于先秦儒家来说，首先应以人为中心，尽人伦以成就仁德，只有人和才能为天和提供伦理保障。若人与人之间的关系都无法实现和谐，人与自然之间的和谐关系就是无法想象的。因此，虽然天和是人和的基础和根据，但人并不是完全消极被动的，发动人心，发挥仁德正是先秦儒家对天人合一的生动解读，而不仅仅将其视为一种理想和理念。可见，强调人的主体地位的先秦儒家的天人合一与人类中心主义不仅不矛盾，而且从根本上就是相合的、一致的。

第二节　义利之辨：先秦儒家生态伦理的实践路径

天人合一理想境界的实现需要生态环境保护的实践，因此，现在问题的关键就在于如何激发每个人源于天地生生大德的仁爱之心，投入到保护生态环境的伟大实践之中。那么这一实践路径在哪里呢？先秦儒家的回答是：义利之辨。

一、义利之辨的内涵

朱熹说："义利之说，乃儒者第一义。"然而长期以来，义利之辨的真正内涵未能得到恰当的阐释，多数学者纠缠在义利孰轻孰重的辨争上,失却了先秦儒家义利之辨的真义。先秦儒家所谓的义利之辨主要是从动机意义上来说的,义利之辨所要求的是行为处事要以义为动机而不要以利为动机。若从义的动机出发,结果就会义利两得,但若从利的动机出发,其结果则会义利两失。换言之,若能做到"义以为上",就会义利"二者得兼"。因此,先秦儒家首先强调的是"义以为上""见利思义"。"见利思义"意味着先秦儒家并不反对人们求利,"先秦儒家义利观反对的仅仅是不符合'义'的'利',它赞成'义然后取',赞成在符合'义'的情况下去追求'利',并认为义和利只有在违反了'义'时才是冲突的。因此,对于孔子的'君子喻于义,人喻于利'应理解为,道德高尚的人'见利思义',知道怎样合理地得到和处理'利',而小人则只关心自己利益的多少,甚至一味地追求个人私利,破坏社会秩序,造成社会动乱。对于孟子的'王何必曰利?亦有仁义而已矣'则应理解为,只要行了仁义,利就会自然而然地在其中了。"①荀子则把对"义"和"利"的不同态度作为衡量君子和小人的标准。他说:"为事利,争货财,无辞让,果敢而振,猛贪而戾,然唯利之见,是贾盗之勇也。轻死而暴,是小人之勇也。义之所在,不倾于权,举国而与之不为改视,重死持义而不挠,是士君子之勇也。"(《荀子·荣辱》)显然,荀子与孔孟的"义利之辨"是一脉相承、根本一致的。

先秦儒家学说的代表孔子、孟子和荀子都不约而同地将"义利之辨"与道德规范紧密联系在一起。当孔子和荀子论及君子和小人的区别时,是以如何对待和处理义利关系为道德判断的标准的。君子能够做到"以义为上""见利思义""以义制利",使

---

① 高晓红:《先秦儒家义利观及其现代意义》,《学术界》,2006年第5期。

"利"合于"义",也就是使"义利合一";小人则"利以为上",当义利二者发生矛盾冲突时,为了利可以不择手段,不惜违背义的道德规范,甚至"冒天下之大不韪",以致行为越来越偏离义的轨道,造成社会秩序的混乱。孟子索性直接将"利"纳入"仁义"之中,他不是不要"利",而是强调"义"就是"利"本身,是更长久、更根本的"利",也是可持续的"利"。

二、义利之辨之于生态伦理

那么,义利之辨在生态伦理上展示的是怎样的一种路径呢?那就是我们要以生态伦理上的义作为行为处事的动机。义者,宜也,是应当的意思,生态伦理上的义也就是生态伦理上的应当。然而我们该如何确定生态伦理上的应当呢?这就需要先秦儒家的义的确切意指。先秦儒家的义,是以仁作为源头活水的,《礼记·礼运》云:"仁者,义之本也。"这就意味着,确定先秦儒家意义上的生态伦理应当必须是以仁爱为其基础和前提的。实际上,先秦儒家早已确立了许许多多具体的生态伦理上的应当,这就是"礼"中所涉及的如何对待非人自然物的行为。先秦儒家的礼实际上就是义的具体化。孔子在《论语·卫灵公》中指出:"君子义以为质,礼以行之。"《礼记·礼运》云:"礼也者,义之实也。协诸义而协,则礼虽先王未之有,可以义起也。"又云:"为礼不本于义,犹耕而弗种也。"也就是说,义是礼的精神内核,礼则是义的具体内容。

不过,这里还隐含着一个关键问题,就是在某种特定情况下,礼作为义的具体内容到底是如何得知的?因为仁爱作为一种道德情感,是具有一定盲目性的,所以这就需要智的参与。"智虽不限于但必包含知。"先秦儒家对知要求很高,原则上是要无所不知,并且这种知既指向外部世界又指向内心世界,只有内外结合才算真知。《大学》中的格物致知就提出了这样的要求:"众物之表里精粗无不到,而心之全体大用无不明矣。此谓物格,此谓知之至也。"这样,仁义智共同作用,产生了礼,即一个具体的行为规范。《礼记·王制》中载:"獭祭鱼,然后虞人入泽梁;豺祭兽,然后田猎;鸠化为鹰,然后设罻罗;草木零落,然后入山林。昆虫未蛰,不以火田,不麑,不卵,不杀胎,不殀夭,不覆巢。"如果单从仁爱的角度来说,是不应该杀生的,但是绝对的无条件的不杀生,无疑是盲目的仁爱,因为人要依赖自然资源才能生存发展,不杀生,人连存活都成了问题,这本身显然就是不义的。所以需要应当的义来裁制情感的仁爱。那么,义如何裁制呢?当然不能随心所欲,而要根据相应的知识及道理,也就是说要有智。在这里,智一方面要有生物学和生态学的知识,另一方面也要对自己内心的理性和情感有个清晰的认知和识别。这样,外在生物学与生态学之理与内在义理相合为一而心安情顺没有阻梗,就成功地制定出了礼。以上这个田猎之礼遵循了生物学规律,虽杀生却顺时序,故不影响物种种群的平衡,满足了人类生活之需,又不失仁之意。这样的礼,的确体现了礼的宗旨:和为贵。

反观今日人类生产活动和生活消费给自然生态带来的巨大压力和严重破坏,已经使人类自身陷入了重重危机,这些危机中不仅包括危及人类生存的生态家园的生态危机,更有危及人类发展的精神家园的精神危机。而无论是生态危机,还是精神危机,皆与人类对自身需要满足的理解相关。对物质需要的贪得无厌无疑会使人类加大对自然资源开发利用的力度,使自然生态系统不堪重负,以致发生生态危机;同时这种贪得无厌本身即是一种精神危机。以消费本身作为目的的消费主义正是造成包括生态危机和精神危机在内的人类所身处其中的种种危机的思想根源。由于消费主义能够最大限度地促进生产的发展，从而也就使人类深陷"大量生产—大量消费—大量废弃—大量生产—大量消费……"的无限恶性循环之中不能自拔，也不愿自拔，因为这对所谓的"市场繁荣"有利，对企业利润最大化有利，对GDP有利，然而对自然的生态世界和人类的精神世界却是极大的威胁和挑战。这种唯经济是从的逻辑与先秦儒家义利之辨的逻辑恰成鲜明的对比。

先秦儒家的义利之辨能够帮助当今人类认真审视自身存在的问题，坚决摒弃消费主义背后所暗涌着的源源不断的，但却不符合"义"之伦理要求的"利"，以人与自然和谐为前提，以精神满足和人的本质实现为旨归，深入挖掘和充分汲取先秦儒家生态消费伦理思想的精华，以生态消费促生态生产，使人类走出生态危机和精神危机，在更高层次上进入到全新的"天人合一"之境。孔子曰："见义不为，无勇也。"（《论语·为政》）如今，当代人已经因困扰于生态危机和精神危机而清楚明白走"生态生产—生态消费—生态废弃……"的可持续发展之路实乃"当"为之"义"，只是还需要"见义"而"为"的勇气。

第三章　孔子生态消费伦理思想

孔子生活的春秋时代的主要特征是"礼崩乐坏",周公所制定和形塑的礼乐制度和文化道统在这一时期面临着深重的危机和尖锐的挑战。春秋初期是礼乐征伐自诸侯出的时代,到了春秋中期以后,已逐渐过渡到"礼乐征伐自大夫出"。孔子一向以周公的继承者自居,在他所处的那样一个在他看来的乱世,自觉地肩负起恢复周礼的历史使命,且身体力行,"知其不可而为之",表现出了一个有良心的知识分子强烈的社会责任担当意识,和坚韧不拔、百折不回的意志,并以此作为终生的志向。他虽遭遇重重困境,但并不消极避世,而是积极面对残酷的现实,就像积极面对他自己的苦难人生一样。为恢复周礼,孔子提出"仁"这一核心概念,并在此基础上建构起宏大的儒家学说体系,创建了在当时产生广泛影响、后来又成为中国主流意识形态的儒家学派。在孔子以"仁"为核心的学说体系中,关于生态和消费方面的伦理问题的讨论虽然不占主要地位,却通过孔子及其弟子零星的表述体现并融贯于其核心诉求,成为孔子伦理思想体系中不可或缺的组成部分,因此值得深入挖掘和探究。

第一节 仁爱万物的生态伦理情怀

"仁"这一概念,早在孔子以前就已经被提了出来,如《左传·成公二十九年》说:"不背本,仁也。"《左传·庄公二十二年》又说:"以君成礼,弗纳于淫,仁也。"大体上,春秋前期人们把亲敬尊长、爱抚众庶、忠于君主等行为都看作是仁的表现。孔子对于仁的理解,基本上继承了春秋前期思想家的这些认识,并且在继承前人思想成果的基础上发展出了系统的仁学。

一、"仁"的主要内涵

从孔子的言论中可以看出,其所说的仁包含以下几方面:第一种含义是爱人为仁。《论语·颜渊》载:孔子的学生"樊迟问仁。子曰:'爱人。'"孔子认为,爱人是仁的基本内容,社会的各个等级之间都应该相互仁爱,特别是对居于统治地位的等级来说,爱人尤其重要,用孔子的话说,就是"君子学道则爱人"。孔子试图以仁爱为根本,建立起各等级之间充满人情味的伦理关系,从而实现社会秩序的稳定。

第二种含义是指"克己复礼为仁"。《论语·颜渊》载孔子回答他的学生颜渊"什么是仁"的问题时说:"克己复礼为仁。一日克己复礼,天下归仁焉。"孔子的这句话,重点在于克己,即严格地约束自己的行为,使个人的行为完全符合礼的规范。

第三种含义,"仁"主要是指一个人的内在道德品质。一个人能否具有优良的道德品质,主要决定于个人的道德修养,而不是决定于他人的影响。所以,孔子在谈到为人处世的准则时说:"为仁由己,而由人乎哉?"(《论语·颜渊》)也就是说,优良的道德品质主要产生于个人的道德自觉,同样,一个人是否善良,也不决定于他人。

从以上孔子关于仁的阐释和理解我们可以看出,仁既是一种内在优良的道德品质,亦是一种外在的道德规范。作为内在的道德修为主要表现为"为仁由己",作为外在的行为规范和伦理约束则主要表现为"爱人"和"克己复礼"。但无论是内在的道德自律还是外在的道德自觉,都主要面对和处理的是人与人之间的人伦关系。这也是孔子仁学思想的主题。

二、仁爱万物

孔子的"仁"并不仅仅局限于"爱人"。子曰:"知者乐水,仁者乐山。"(《论语·雍也》)首先,这里有必要做一辩证的理解。乐水和乐山的主体应该并没有如此严格的界限,当孔子说这句话的时候,也未必是要做这样严格的区分。乐水的主体有可能是知者,也有可能是仁者。同样,乐山的主体有可能是仁者,知者乐山也是极有可能的。换言之,孔子很有可能是想将"知者仁者乐水乐山"放在一起作为一个整体表达,只是出于表达的习惯才分开来说。因此,问题的关键并不在于什么样的人乐于什么样的物,而是"人乐于物",也就是说,这句话所要传递和表达的信息是一种人与自然的和谐关系,一种天人合一的美好状态。

纵观人类历史,我们会发现一个有趣的现象:公元前 5 世纪前后这一时段,在古希腊和古代中国这两个文明发源地,都不约而同地出现了哲人智者聚众讲学的情况,并进而开启了人类思想大觉醒和文化大繁荣的时代。德国思想家卡尔·雅斯贝尔斯将这一人类文化突破的时期称之为"轴心时代"。更有趣的是,轴心时代思想家的教学活动往往都是在大自然中进行的。古希腊的亚里士多德常与弟子们在林荫道上边散步边讨论学问,以至人们称其为"逍遥学派";而中国圣人孔子的授课处是杏坛,弟子们读书,孔子弹琴唱歌……似乎古代哲人们早就知道,大自然中释放的多种有效物质能增强记忆力、消除疲劳、增长智慧,因此一致选择在自然中传道授业。孔子设坛授徒,经常带领众弟子徜徉于山水之间,在大自然的怀抱里培养美感、增长知识、抒情言志。一次,孔子与子路、曾皙、冉有、公西华等弟子畅谈理想。子路的理想是治理一个大国,冉有谦虚一点说想管理一个小国,公西华则想做一名司仪。他们三人的志向抱负都很宏大,但孔子并未做出评价。相比之下,曾皙的志向就微不足道了,他说:"莫春者,春服既成,冠者五六人,童子六七人,浴乎沂,风乎舞雩,咏而归。"夫子听后喟然叹曰:"吾与点也!"(《论语·先进》)曾皙所向往的理想生活是:暮春时节,穿上新做的春衣,与五六个朋友带着六七个孩子,到沂河里洗个澡,再到舞雩台上让春风吹干,然后唱着歌回家。然而,就是这段看似没有宏大抱负的话,却得到了孔子的赞同。孔子将自己的志愿、理想、追求,都融注在了对洋洋春水、煦煦春日的感喟之中,表明他对山川草木有着天然的亲近和喜爱之情。孔子还曾说过这样一句话:"道不行,乘桴浮于海。"(《论语·公冶长》)意思是说,如果自己的政治主张不能得到实施,就宁愿泛舟于海波之上。这既体现了他洒脱的一面,也有把失意寄托在山水之上的情怀。可见,自然对于孔子,是得意抑或失意都不可缺少的精神寄托。

孔子所开创的儒家思想,不仅对山水寄情深厚,也对世界上所有的生物充满了仁爱之心。《论语·述而》篇记载:"子钓而不纲,弋不射宿。"纲是网上端总绳,引申指大网。孔子不用大网横断流水以取鱼。用这个法子捕鱼,孔子觉得于心不忍。"弋不射宿"的意思是，晚上已经归巢的鸟，孔子就不去射它了。孔子钓鱼而不用网具断流捕鱼，射鸟不射归巢的鸟，这是为了保护尚未长大的小鱼小鸟，在当时一定是异于常人之举，故被其弟子极珍视地记录下来。

三、敬畏生命

孔子对草木、鸟兽的爱心，频频见诸文献记载。《孔子家语》说，孔子家里的看家狗死了，孔子就对子贡说："平常驾车的马死了，就用帷幔包裹起来埋葬。现在狗死了应该用车篷包裹起来埋葬。但是我现在很穷，我要找个车篷盖都找不到呀。"子贡问："那用什么呢?"孔子说："拿个席子把它裹起来吧。千万不要让它的脸、身体和泥地直接接触。"

尊重万物的思想，具体落实到对待动物、植物上，表现为"时禁"的观念，即动物、植物不到成熟之时，不得渔猎和砍伐。《礼记》记载，孔子曾明确指出，牛、羊、猪、狗等牲畜，都是上天的恩赐，是人类的朋友，不论诸侯士大夫，还是普通老百姓，没有特殊情况，就不要随意宰杀它们。夫子曰："断一树，杀一兽，不以其时，非孝也。""孝有三，小孝用力，中孝用劳，大孝不匮。思慈爱忘劳，可谓用力矣；尊仁安义，可谓用劳矣；博施备物，可谓不匮矣。"（《礼记·祭义》)针对滥伐滥猎、肆意破坏生态的行为，孔子厉声断喝："断一树，杀一兽，不以其时，非孝也。"孝在孔子的仁学体系中占有特殊的地位。"孝弟也者，其为人之本与?"（《论语·学而》)孔子此处所说的"孝"，是指敬重天地、"博施备物"的"大孝"。显然，就属于生态伦理的范畴。如果不在合适的时候砍树、杀野兽，这属于不孝行为，直接把滥杀滥伐与不孝画上了等号。孔子并不反对适时适度地利用动物、植物，他是要把这种利用约束在合情合理的范围内。如果全然不管不顾树木鸟兽鱼虫的生长规律，就如同对父母和祖先忤逆一样，是不肖子孙，这直接将用于调节人与人之间关系的伦理规范运用到人与自然的关系之中。很显然，在孔子这里，道德关怀的对象和范围扩大了，不再仅仅局限于人际关系。这实际上已经非常类似于今天的生态伦理了。即使不从近代以来所谓科学发展的角度进行分析，我们仍然可以清楚地晓得这样一个不容否定的事实，即：是大自然养育了人类。大自然的确是我们人类的生身父母、衣食父母。对大自然的不尊重，也就意味着对养育我们的父母的"不孝"。2500年前的孔子以他特有的语言表达了一个朴素的真理，那就是人与自然之间存在着某种割不断的伦理关系。

人与自然的伦理关系确实是无法分割的，这一点在中国尤其如此。传统中国是以农为本的乡土社会，中国人自古便有将大地视为母亲的感恩情怀，因此，孔子有此训诫并不足为奇。传统中国人是将自己与土地看成一个须臾不可分割的共同体的。被视为美国环境保护运动"先知"的利奥波德就从共同体主义的角度提出了大地伦理的理念。"从共同体主义的角度看，人们对大地共同体及其成员的义务与人们对大地共同体及其成员的情感密不可分。利奥波德明确指出：没有对大地的热爱、尊重与敬佩，就不可能有大地伦理。因此，对大地的这种情感是大地伦理的基础。"[①]利奥波德的大地伦理学是在人类进入近现代历史以来，环境问题日益严重的背景下环保意识和环保实践的产物，也是伦理共同体范围从人类扩至整个大地的理论升华。孔子的"时禁"理念与利

[①] 甘绍平、余涌主编：《应用伦理学教程》，中国社会科学出版社，2008年版，第207页。

奥波德的大地伦理可谓古今辉映，中外会通。

作为著名的教育家，孔子不仅自己提出保护自然万物的主张，同时非常注重向学生传播生态伦理观念，培养了一批热爱自然尊重自然的高足。《吕氏春秋》记载了孔子的弟子宓子贱在鲁国亶父做官，对当地百姓进行生态道德教育，并取得良好效果的故事：

> 三年，巫马旗短褐衣弊裘，而往观化于亶父，见夜渔者，得而舍之。巫马旗问焉，曰："渔为得也。今子得而舍之，何也？"对曰："宓子不欲人之取小鱼也。所舍者小鱼也。"巫马旗归，告孔子曰："宓子之德至矣。使民暗行，若有严刑在旁。敢问宓子何以至于此？"孔子曰："丘尝与之言曰：'诚乎此者刑乎彼。'宓子必行此术于亶父也。"

巫马旗是孔子的学生，他穿着粗布短衣，披着破皮袄，到亶父去观察孔子的另一位学生施行教化的情况。看到夜里捕鱼的渔夫，得到鱼以后又放回水里。巫马旗问道："捕鱼是为了得到鱼。现在你得到鱼以后又放回水里，这是为什么？"渔夫回答说："宓子不让人捕小鱼。我放回水里去的是小鱼。"巫马旗回去后，告诉孔子说："宓子的德政好到了极点，他能让在黑夜中行走的人们也好像有严刑在一旁一样。请问宓子为什么能做到这个地步？"孔子说："我曾经跟他说：'内心真诚，就能在外实行。'宓子一定是在亶父实行了这个主张。"诚即成己成物，是仁的表现，亦是孔子对其弟子的谆谆教导。孔子对自然万物的尊重、关爱，在弟子那里发扬光大了。宓子贱要求渔夫捕大放小，与孔子不一网打尽、不倾巢尽剿一样，都是为了保持生态平衡。孔子弟子中有个叫高柴的，原本为人就憨厚，经孔子教导，更是成为著名的爱心人士。他提出了"启蛰不杀，方长不折"（《孔子家语》）的主张，春天的时候决不猎杀动物，决不攀折树木花草，对刚从冬眠中苏醒的小虫，正在春风中舒展的枝条，尤其注意呵护。孔子对高柴的行为给予了高度评价，认为是仁心之举。"启蛰不杀，方长不折"，就成了国人真诚而自觉地爱护自然保护自然的经典言行。

虽然就保护自然来说，孔子确实提出了一些具体的伦理规范要求，但就自然本身而言，孔子却是"罕言天"的。子曰："予欲无言。"子贡曰："子如不言，则小子何述焉？"子曰："天何言哉？四时行焉，百物生焉，天何言哉？"（《论语·阳货》）孔子说："我不想说话了。"子贡说："您假如不说话，那我们传述什么呢？"孔子道："天说了什么呢？四季照样运行，百物照样生长，天说了什么呢？"当然，罕言天并非不言天，而是以一种曲折、隐晦的方式言天的。在记载其言论的典籍《论语》中，孔子的诗教占有相当比重。而孔子很多时候正是以诗言天，通过诗表达天人合一的生态伦理思想的。

第二节　孔子诗教中的生态伦理表达

一、博物的道德价值

儒家强调博学多才，博物是其中的一个重要内容："博物之学，儒者所其重矣。"（刘宝楠《论语正义·阳货》）因此，孔子不仅自己"洽闻强记，博物不穷"（《孔丛子·嘉言》），而且要求自己的弟子也要"多识于鸟兽草木之名"（《论语·阳货》）。然而，一般情况下，儒家不愿意过多地谈论草木鸟兽之类的问题，"能说鸟兽之类者,非圣人所欲说也",亦即"博物之学,圣人虽知之,而不欲说"(苏舆《春秋繁露义证·重政》)。因此,儒家专门论及草木鸟兽的文字并不多见。但从《诗经》等儒家典籍的有关记载看,儒家仍为我们留下了足够的资料,让我们领略到儒家在十分重视"博物"的精髓之余,也对其关于生物多样性的认识及生物种类的划分有所了解。[1]可见,孔子对博物之学虽不欲说,但不欲说不等于不说,而是通过《诗经》等典籍将其欲说的博物之学记载下来,并流传于世。众所周知,《诗经》是我国最早的一部诗歌总集,它在我国文学史中所占有的重要地位是不言而喻的。不过若从博物之学的角度看,它同时毫无疑问地也是一座生机勃勃的生物"大观园"。从一开篇《周南·关雎》的双鸟和鸣到结束篇《商颂·殷武》的参天松柏,诗作全集都有各种动植物的名称。孙作云先生对《诗经》里的动植物做过数字统计:"《诗经》305篇,共记载动植物252种:植物为143种,内含草类85种、木类58种;动物109种,内含鸟类35种、兽类26种、虫类33种、鱼类15种。"[2]因此,将《诗经》视为儒家博物之学的典范应该不算夸张。作为保持生态平衡重要条件的生物多样性的特点,在《诗经》中的表现是十分鲜明的。

《诗经》中关于古代动植物众多种类的记载,曾引起了古代学者的注意,孔子当年在整理《诗经》时,就对其中的生物记载予以高度的重视,要求自己弟子"多识于鸟兽草木之名",并将之置于和道德教化同等重要的地位。孔子说:"小子何莫学夫诗?诗,

---

[1] 陈业新:《儒家生态意识与中国古代环境保护研究》,上海交通大学出版社,2012年版,第75页。

[2] 孙作云:《孙作云文集·〈诗经〉研究》,河南大学出版社,2003年版,第12~18页。

可以兴，可以观，可以群，可以怨。迩之事父，远之事君；多识于鸟兽草木之名。"（《论语·阳货》）人们对孔子的这段著名诗论非常熟知，但是对最末一句"多识于鸟兽草木之名"给予的关注往往不够。孔子这句话的本意应该有二：一是多识草木鸟兽，便于对人们进行"诗教"，即审美教育。因为要多识草木鸟兽，就要亲近自然、观察自然，进而受到大自然的净化和熏陶，使内心变得纯洁、丰富而富于美感。二是多识草木鸟兽的过程本身，也就是进行生态教育的过程。在这一个过程中，人不仅能了解物种的某些特征和生长规律，也深刻领会到人所置身于其中的生存环境原来是由众多物种共同营造的，进而对其他物种会生起同情和爱护之心。著名学者钱穆先生就把"多识于鸟兽草木之名"跟作为孔子思想核心的"仁"联系起来，认为孔子并不是要人们单纯去记一些动植物的名称，要人们去追求某种表面的知识，而是通过熟悉和亲近鸟、兽、草、木等自然生命，使人"广大其心，导达其仁"，把人类的同情心和爱扩展到整个自然界。孔子所措意的主要是诗教而不是诗艺，而诗教的主导价值取向是道德的，而不是审美的。朱熹也对这段诗论给出了自己的阐释："兴为感发志意，观为考见得失，群为和而不流，怨为怨而不怒。迩之事父，远之事君，人伦之道，《诗》无不备，二者举重而言。"①这就不难理解孔子为什么如此重视《诗经》了。对于孔子来说，事父事君显然比鸟兽草木要重要得多。"多识于鸟兽草木之名"不是目的，目的在于通过对诗的"兴、观、群、怨"，以达于"仁"。《诗经》中鸟兽草木，自然万物，都是为了表达或反映孔子的"仁"的，其所包孕的伦理意蕴当远远超过审美价值。

---

① (宋)朱熹：《四书集注》，陈戍国标点，岳麓书社，2004年版，第202页。

二、"思无邪"的道德情感

将实现"仁"的道德理想寄托于自然山水、鸟兽草木,在人与自然的和谐中体贴"仁"意,这已具备了生态道德的基本要素。在追求生态道德的完善和圆满时,最重要的方面也许就是处理人之情感依托于何处的问题,在这方面,先秦儒家孔子诗教思想里的"思无邪"确是值得我们汲取借鉴的宝贵资源。孔子高度概括道:"诗三百,一言以蔽之,曰:'思无邪。'"(《论语·为政》)对这一概括,朱熹认为:"凡《诗》之言,善者可以感发人之善心,恶者可以惩创人之逸志,其用归于使人得其情性之正而已。然其言微婉,且或各因一事而发,求其直指全体,则未有若此之明且尽者。"[①]孔子生活的春秋时代主要特征是"礼崩乐坏",大自然已经远离人们的生活场景和思考维度,人心幽闭在斤斤计较的"利"的裁切与社稷安稳的"功"的追逐,人们没有更好的心情去安顿自身和处理被搞乱了的人际日用伦常关系。人的安身立命如同风雨飘摇的家国天下无所依托,失去秩序。对此情状的社会时弊的纠正方案,孔子体悟到无以言说的自然美景熏陶对人心善性之"仁"培育有着非常特别的意义。他删留下来的大部分是描写少男少女在优美的自然生态环境中触景而生恋慕之情的诗作,采用赋、比、兴的表达手法,不仅具有重要的文学价值,更有少男少女阴阳感应的美感,以天地万物生生不息欣欣向荣作为其背景的"生存照料"的相契相偎相依相伴的亲在关系,并以托情于物、移情于物与借物起情而与天地共融达到最理想最浪漫的"天人合一"的存在状态。因此,这里孔子所说的"思"更多的不是我们今天

[①] (宋)朱熹:《四书集注》,陈戍国标点,岳麓书社,2004年版,第61页。

的逻辑理性意识,而是指一种无邪纯真的道德情感。这是一种源于自然的澄澈的情感,与孔子所处的"礼崩乐坏"的社会现实恰成鲜明对比。虽然这种道德情感与辨明善恶的道德理性有别,"但却能增强其所依附的善恶抉择时的分量,情依于善必增善之乐果,情依于恶则必增恶之苦果。这些在孔子看得非常清楚,只是不去论证其缘由,只说诗可让人为善止恶。孔子的增删《诗经》其目的在于'无邪'的选择取向上,'无邪'便可使人的心智不下坠,在喷涌情感的保驾护航之下直飞青天,完成圣人伟业"①。

"思无邪"的纯洁道德情感能够使辨明善恶的道德理性发挥出更为强大的道德力量,使人的道德境界得以不断升华,并促发人心向着为完成圣人伟业的道德理想目标奋进。这种从诗中所生发的道德情感由于上源于天、法于天,与世无争、无染,所以能够迸发出源源不断的生命能量,彰显出道德作为人之为人所拥有的本质规定和丰厚底蕴。这一人所源、所法的"天"即是我们今天所说的自然,因此,我们亦可以将"思无邪"理解为一种自然而然的道德情感。愈自然而然,"思"就愈"无邪"。因为自然之"然"是一种自足圆满的状态,是本无外求,也无需外求的。只有这种不假外求、自足圆满的纯粹状态才可能产生"无邪"之"思"。

三、诗与礼乐的相得益彰

诗情之"兴",多赖于人的性情之真。然而,由真情涵养一种堪以中正、高尚相许的情操,还须衡之以"礼"。"礼"是一种社会伦理规范,也是一种道德规范。孔子曰:"兴于《诗》,立于礼,

---

① 苑秀丽、何小玲:《儒家思想与中国当代伦理》,中国社会科学出版社,2015年版,第157页。

成于乐。"(《论语·泰伯》)朱熹解释道:"《诗》本性情,有邪有正。其为言既易知,而吟咏之间,抑扬反复,其感人又易入。故学者之初,所以兴起其好善恶恶之心而不能自已者,必于此而得之。礼以恭敬辞逊为本,而有节文度数之详,可以固人肌肤之会、筋骸之束。故学者之中,所以能卓然自立,而不为事物之所摇夺者,必于此而得之。乐有五声十二律,更唱迭和,以为歌舞八音之节,可以养人之性情,而荡涤其邪秽,消融其渣滓。故学者之终,所以至于义精仁熟而自和顺于道德者,必于此而得之。是学之成也。"[①]诗、礼、乐分别处于学者的不同阶段:诗为道德情感兴起的初级阶段,自然感发,好善恶恶;礼为道德规范确立的中间阶段,节文度数,卓然自立;乐为道德理想实现的完成阶段,性情和顺,义精仁熟。在《论语》中,孔子对诗的重视和强调时有所见,其中陈亢与孔子的儿子伯鱼的对话是较为著名的一段记载。陈亢问于伯鱼曰:"子亦有异闻乎?"对曰:"未也。尝独立,鲤趋而过庭。曰:'学诗乎?'对曰:'未也。''不学诗,无以言。'鲤退而学诗。他日,又独立,鲤趋而过庭。曰:'学礼乎?'对曰:'未也。''不学礼,无以立。'鲤退而学礼。闻斯二者。"陈亢退而喜曰:"问一得三,闻诗,闻礼,又闻君子之远其子也。"(《论语·季氏》)陈亢向孔子的儿子伯鱼问道:"您在老师那儿,也得着与众不同的传授吗?"答道:"没有。他曾经一个人站在庭中,我恭敬地走过。他问我道:'学诗没有?'我道:'没有。'他便道:'不学诗就不会说话。'我退回便学诗。过了几天,他又一个人站在庭中,我又恭敬地走过。他问道:'学礼没有?'我答:'没有'。他道:'不学礼,便没有立足社会的依据。'我

[①](宋)朱熹:《四书集注》,陈戍国标点,岳麓书社,2004年版,第119~120页。

退回便学礼。只听到这两件。"陈亢回去非常高兴地道："我问一件事，知道了三件事。知道诗，知道礼，又知道君子对他儿子的态度。"陈亢以私意窥孔子，因此有"子亦有异闻乎？"之问。听了伯鱼的回答后，方知当独立之时，伯鱼从其父孔子那里所闻不过如此，也就是并无异闻。所闻的核心有二：一曰"不学诗，无以言"。孔子何以言此？盖《诗》可使人事理通达，心气和平，故能言。二曰："不学礼，无以立。"孔子又何出此言？在他看来，礼可使人品详明，而德性坚定，故能立。

孔子的诗教思想不仅体现在《诗经》本身所展现的天人合一的善美境界，而且就他自己一生的经历和心灵体验来说，也是一个从十五岁有志于学，一个阶段一个阶段地"发愤忘食，乐以忘忧，不知老之将至"的过程，最终通过"知天命"而成就"从心所欲，不逾矩"的至善至美的境界。孔子曰："吾十有五而志于学，三十而立，四十而不惑，五十而知天命，六十而耳顺，七十而从心所欲，不逾矩。"（《论语·为政》）按孔子的思想主张不难判断，"三十而立"的"立"必是"立于礼"，因为孔子说："不学礼，无以立。"（《论语·季氏》）而"五十而知天命"中的"天命"，"即天道之流行而赋于物者，乃事物所以当然之故也。知此则知极其精，而不惑又不足言矣"[1]。孔子因"畏天命"而"罕言天"。孔子曰："君子有三畏：畏天命，畏大人，畏圣人之言。"（《论语·季氏》）"天命者，天所赋之正理也。知其可畏，则其戒谨恐惧，自有不能已者，而付畀之重可以不失矣。"[2]可见，孔子对"天命"有一种由衷的敬畏之心。天道流行，自然之则，自有

---

[1]（宋）朱熹：《四书集注》，陈戍国标点，岳麓书社，2004年版，第62页。
[2]（宋）朱熹：《四书集注》，陈戍国标点，岳麓书社，2004年版，第196页。

人所不能已者。因是之故,也就形成了孔子在学生眼里"罕言天"的印象,子曰:"天何言哉?四时行焉,百物生焉,天何言哉?"(《论语·阳货》)这里展现的是孔子对天地化育万物的赞美之情,为人们描述了一幅孔子所处的那个时代大自然勃勃"生意"的美丽景象,这样的景象当然也是孔子自己所喜爱和追求的精神制高点。天何言哉?天道于无言中自大化流行。人道本于天道,因此孔子说:"予欲无言。"但学者多以言语观圣人,而不察其天理流行之实,所以才会有子贡的"子如不言,则小子何述焉"之问,于是也就有了孔子的那番回答。也许孔子愈"罕言天",就愈表明他达到了"畏天命""知天命"的天人合一之境。

的确,"有时候我们只有通过畏惧才知道我们应该爱什么"[①]。正因孔子有对"天命"的敬畏,才有了"兴于诗,立于礼,成于乐"的体悟。天人合一的理想境界在诗、礼、乐中以兴、以立、以成。天地万物的生生不息于无形之中自然而然地激发起人们敬畏天命、热爱生命的美好情感,并通过诗得以尽情表达和充分抒发。而人类想要在天地之间求生存、谋发展,就要学会认识自然,适应自然变化、顺应自然规律,让自身与外物、内心与环境相和相谐。因此,对人的行为约之以礼也就成为必然的要求。孔子所谓"乐"的内容和本质都离不开"礼",因此常常"礼乐"连言。他很懂乐理,能揭示音乐演奏的规律,并告诉鲁国的太师:"乐其可知也:始作,翕如也;从之,纯如也,皦如也,绎如也,以成。"(《论语·八佾》)说明孔子对音乐是很内行的。他经常以欣赏音乐为乐,"子在齐闻《韶》,三月不知肉味,曰:'不图为乐

[①] 〔美〕霍尔姆斯·罗尔斯顿:《环境伦理学》,杨通进译,中国社会科学出版社,2000年版,第180页。

之至于斯也。'"(《论语·述而》)。孔子对音乐的评价,不仅坚持"美"的标准,而且坚持"善"的标准:"子谓《韶》,'尽美矣,又尽善也'。谓《武》,'尽美矣,未尽善也'"。(《论语·八佾》)他不仅坚持艺术标准,而且坚持伦理标准。这就把音乐不仅作为一种艺术的享受,而且作为一种道德伦理的教育,这样就能达到艺术的最高境界,得到最高的社会效益。因此,他推崇高雅的音乐,反对低级庸俗的音乐。"乐则韶舞。放郑声,远佞人。郑声淫,佞人殆。"(《论语·卫灵公》)"恶紫之夺朱也,恶郑声之乱雅乐也。"(《论语·阳货》)

孔子强调"兴于诗,立于礼,成于乐",其中"成于乐"正是通过音乐的陶冶,使人得到艺术的享受,从而达到人的最高境界,实现"真""善""美"的统一,这样就"成"了,实现了"礼""乐"教化的作用。而诗、礼、乐的统一,又不可避免地回到孔子的"仁"的核心思想上来。"做到'仁'便是最好的人才了,当然,在今天,能'仁'者自然是视万物为一体的生态伦理倡导者。"[1]孔子在他那个时代就已经是一个当仁不让的视万物为一体的生态伦理的思想者和实践者,这一判断从相关文献的记载中不难得出。孔子无论在教学工作中,还是在生活实践中,无论对自己,还是对弟子,都毋庸置疑地是一个生态伦理思想的热情教育传播者、积极倡导践行者。这一点同样可以从其"知者乐水,仁者乐山""逝者如斯夫,不舍昼夜"等的经典表述和其弟子宓子贱、高柴等高足生动的生态伦理的实践中得到充分说明、有力诠释和生动体现。

---

[1] 苑秀丽、何小玲:《儒家思想与中国当代伦理》,中国社会科学出版社,2015年版,第157页。

第三节 孔子消费观中的精神诉求

孔子以"仁"为核心,以仁与礼相结合的价值观为基础来构建其伦理思想体系。仁与礼二者相辅相成、相互促进、相互制约。一方面,"仁"是礼的基础。子曰:"人而不仁,如礼何?"(《论语·八佾》)这句话的意思是说礼必须凭借仁才能得以建立,仁是礼的基础。一个人如果不懂仁,礼也就无从谈起。至于在仁基础之上所制定的礼是什么,孔子的回答是肯定的,礼即周礼。他继承周礼的思想可谓清晰而一贯,恢复周礼的意志亦可谓坚定不移。子曰:"周监于二代,郁郁乎文哉!吾从周。"(《论语·八佾》)另一方面,仁的实现又无法脱离礼,即"克己复礼"。"克己复礼为仁",意思是说,克己复礼是实现仁的必要的外在途径和形式。"礼"不仅是一种仪式,而且更多情况下是表现为"约束人心的行为规范"。由于以仁为根基,礼就在人们的日常生活和交往以及修齐治平等方面具有了内在和外在、自律和他律的双重制约作用。

消费是人类生存和发展的前提条件。孔子提出"节用以礼",主张在消费行为方面应节俭守礼。孔子同时还指出,节俭消费的目的在于实现对"仁"的价值追求,即爱人:"节用而爱人,使民以时。"(《论语·学而》)节俭爱人既是对消费行为进行道德约束,又是个人道德修养、理想人格培育的有效手段。孔子认为要想实现真正的爱人,还需要爱物,取用有度。从某种程度上可以说,人们的消费欲望是无限的,而供消费的自然资源是有限的。解决有限与无限、人类无限需求与自然资源的有限供给之间矛盾的关键在于用作为消费行为规范的"礼"对人类无限膨胀的欲望加以克制，进而使爱人与爱物在"仁"中达到和谐统一。

一、俭与礼

孔子消费伦理思想的核心是以"礼"的等级来规范社会成员的消费观念、消费行为和消费方式的。孔子是社会等级统治论者，他主张政治上的等级统治，经济上的等级占有与生活上的等级消费，认为人有名分之分，社会有等级差别，名分、等级决定一个人的政治地位、经济利益和消费状况。由此形成一个自上而下的社会等级统治秩序。针对春秋末期"礼崩乐坏"的社会现实，孔子提出了贵贱有序、贫富有差、消费有别的等级消费观。因此在孔子那里，"礼"实质上是等级消费的社会伦理规范。

孔子重"礼"，认为"礼"是国家的纲纪，主张"为国以礼"（《论语·先进》）。"礼"讲等级名分，孔子将其归结为"君君，臣臣，父父，子子"（《论语·颜渊》）。从"礼"的等级名分规定出发，孔子主张社会成员的消费行为应遵守礼制，处上者与居下者在消费的方式上、数量上、质量上、规格上都应该体现出尊卑之别。这一思想孔子在抨击鲁国执政季氏时说得十分明白："孔子谓季氏，'八佾舞于庭，是可忍也，孰不可忍也？'"（《论语·八佾》）按"礼"的等级名分规定，八佾系天子的娱乐消费规格，季氏为大夫，只能享受四佾。以大夫的身份僭用八佾，违反了"礼"的等级消费规范，孔子因而气愤，对季氏的行为十分不满。

孔子认为等级消费秩序的确立，其关键在于各级统治必须遵循"礼"的等级名分规定，规范自身的消费行为，自觉实行等级消费。"或曰：'管仲俭乎？'曰：'管氏有三归，官事不摄，焉得俭？''然则管仲知礼乎？'曰：'邦君树塞门，管氏亦树塞门。邦君为两君之好，有反坫，管氏亦有反坫。管氏而知礼，孰不知礼?'"(《论语·八佾》)管仲是春秋时期齐国著名政治家,曾辅佐齐桓公一匡天下,九合诸侯,有"尊天攘夷"的大功。对此,孔子曾倍加称颂,说:"管仲相桓公,霸诸侯,一匡天下,民到于今受其赐。微管仲,吾其被发左衽矣。"(《论语·宪问》)孔子极少许人以仁,然而对管仲,他却不吝赞美之词,连称:"如其仁,如其仁。"尽管如此,孔子却仍说他"器小",这主要是孔子就管仲的"不俭"和"不知礼"这两点而言的。管仲的"不俭"表现在他收取了人民的大量市租,他手下的人员,一人一职从不兼差。而"不知礼"则突出表现在,国君宫殿门前,立了一个塞门,管氏也立了个塞门;国君设宴招待外国的君主,在堂上有放置酒杯的设备,管氏也有这样的设备。

对等级消费孔子是身体力行的。"颜渊死,颜路请子之车以为之椁。子曰:'才不才,亦各言其子也。鲤也死,有棺而无椁。吾不徒行以为之椁。以吾从大夫之后,不可徒行也。'"(《论语·先进》)颜渊与孔子有师生之情,孔鲤与孔子有父子之爱,即便如此,孔子认为他作为"从大夫之后",按照"礼"的等级名分规定"不可徒行也",所以拒绝了颜渊父亲"请子之车以为椁"的要求。同时,孔子亦不赞成厚葬颜渊。"颜渊死,门人欲厚葬之。子曰:'不可。'门人厚葬之。子曰:'回也视予犹父也,予不得视犹子也。非我也,夫二三子也。'"(《论语·先进》)显然,在孔子看来,厚葬颜渊不光是奢俭问题,更为重要的是这样做违反了"礼"的等级名分规定。以颜渊的身份不应享有厚葬的待遇。

孔子在强调等级消费以及道德约束的基础上,对具体的消费行为主张"宁俭"。"林放问礼之本。子曰:'大哉问!礼,与其奢也,宁俭。'"(《论语·八佾》)之所以如此是因为:"奢而不孙,俭则固。与其不孙也,宁固。"(《论语·述而》)在孔子看来,奢不光是经济上支出多少的问题，更严重的是奢会刺激人的消费欲望，使人对自身的消费行为失去道德约束力，从而破坏"礼"的等级消费规范。而俭则不然，俭虽然不免显得寒碜，但它体现了消费行为上的道德约束，因而更符合"礼"的等级消费规范。

从"宁俭"出发，孔子赞成俭朴的消费方式。"衣敝缊袍，与衣狐貉者立，而不耻者，其由也与？"（《论语·子罕》）孔子对其学生仲由衣着俭朴而不以为耻表示首肯。当然，这种俭是有限度的，过分节俭也会损害"礼"的等级消费规范。至于晏子，"晏平仲祀其先祖而豚肩不掩豆，一狐裘三十年"（《孔子家语》）。孔子认为他身为齐相，一件狐裘穿三十年，用很小的猪祭祀祖先，就不是节俭而是吝啬了，且没按等级消费，与身份极不相称。因而，俭只是在等级消费规范下适当俭朴些，而不是有失身份的吝啬与寒酸。否则，过犹不及亦不合"礼"的本意。这一点孔子自己的生活态度与消费方式很能说明问题。

孔子重视依礼而行，"非礼勿视，非礼勿听，非礼勿言，非礼勿动"（《论语·颜渊》）。关于俭与礼的关系，孔子的评价标准主要是"俭不违礼""用不伤义"。当然，在经济条件有限以及俭不违礼的情况下，孔子毫不犹豫地选择节俭消费；而在涉及根本礼制的问题上，也是毫不含糊的。子曰："麻冕，礼也；今也纯，俭，吾从众。拜下，礼也；今拜乎上，泰也。虽违众，吾从下。"（《论语·子罕》）孔子认为礼帽改用丝料来织比较省俭，大家这么做，他也同意。但在礼的问题上，大家都免除了堂下的磕头，只升堂后磕头，孔子认为这是倨傲的表现。虽然违反大家，孔子仍然坚持主张要先在堂下磕头。"子贡欲去告朔之饩羊。子曰：'赐也！尔爱其羊，我爱其礼。'"（《论语·八佾》）这里和孔子所说的"礼，与其奢也，宁俭"是否自相矛盾？因为说的都是"礼",也一定都指的是同一个"礼"。但一者强调礼当从俭,一者又说因"我爱其礼",勿"去告朔之饩羊",意即不可从俭。实际上,孔子在这两处的意思是一贯和一致的,二者并不矛盾。一者是从奢与俭比较的角度来理解礼,孔子选择以俭释礼,即在不违礼的前提下,宁俭勿奢。一者则是关于在羊与礼之间的先后排序和选择取舍问题,显然,礼比羊要重要得多,而且,礼是通过将羊献上作为祭物而得以体现的。因此,在孔子看来,告祭祖庙时省去一头羊,虽说是节俭之举,但不符合"礼"的要求,不可取。

二、富与道

虽然孔子主张以"礼"消费,宁俭勿奢,但并不反对求富。"子曰:'富而可求也,虽执鞭之士,吾亦为之。如不可求,从吾所好。'"(《论语·述而》)孔子认为:"设言富若可求,则虽身为贱役以求之,亦所不辞。然有命焉,非求之可得也,则安于义理而已矣,何必徒取辱哉?"①也就是说,富虽可求,但不强求,若不合义理,则"从吾所好",以免"取辱"。可见,孔子的求富是有原则的,也就是"君子爱财",要"取之有道"。"季氏富于周公,而求也为之聚敛而附益之。子曰:'非吾徒也,小子鸣鼓攻之,可也。'"(《论语·先进》)季氏为大夫,周公系诸侯,位居其下却富于其上,按照孔子关于"礼"的等级消费观,这属于"非礼"的经济占有,违反了"礼"的等级名分规定。冉求是孔子的学生却替季氏聚敛财富,破坏等级分配制度,孔子因而十分气恼。显然,季氏这"非礼"的求富手段与经济占有状况,直接破坏了

---

① (宋)朱熹:《四书集注》,陈戍国标点,岳麓书社,2004年版,第109页。

社会等级统治秩序。

孔子反对聚敛以求富不仅适用于大夫季氏,也适用于诸侯鲁哀公。"哀公问于有若曰:'年饥,用不足,如之何?'有若对曰:'盍彻乎?'曰:'二,吾犹不足,如之何其彻也?'对曰:'百姓足,君孰与不足?百姓不足,君孰与足?'"(《论语·颜渊》)孔子一向关心政治,其弟子也多有参政议政者。鲁哀公向孔子的弟子有若问道:"年成不好,国家用度不够,应该怎么办?"有若答道:"为什么不实行十分抽一的税率呢?"哀公道:"十分抽二,我还不够,怎么能十分抽一呢?"答道:"如果百姓的用度够,您怎么会不够?如果百姓的用度不够,您又怎么会够?"若从治国理政的长远角度出发,认为国君应该正确处理与百姓的关系,在国家遇到"年饥,用不足"的时候,尤其不能通过聚敛百姓的财富以求"君足",而应首先使百姓足。若能藏富于民,君自足矣。

孔子对人们趋利避害的心理和行为给予充分的理解和承认,但同时提出无论求富还是去贫都应有"道"。"子曰:'富与贵,是人之所欲也;不以其道得之,不处也。贫与贱,是人之所恶也;不以其道得之,不去也。君子去仁,恶乎成名?君子无终食之间违仁,造次必于是,颠沛必于是。'"(《论语·里仁》)这里所谓"道",即"仁",君子以"仁"为"道",无时不与仁德同在。君子是孔子心中的理想人格,简言之,即道德高尚的人。"仁"被孔子誉为一种极高的道德境界。显然,以道德约束自身的行为并不是容易的事,更不是人人都能做到的。孔子说:"君子喻于义,小人喻于利。"(《论语·里仁》)在孔子看来,只有君子才能做到这一点。因为"君子求诸己,小人求诸人"(《论语·卫灵公》)。"子曰:'君子食无求饱,居无求安,敏于事而慎于言,就有道而正焉,可谓好学也已。'"(《论语·学而》)"君子"兼有道德与阶级的双重含义。在孔子看来,统治者应该以仁义约束自己的行为,自觉维护等级消费秩序,并以此影响社会风气,教化民众。此所谓"君子之德风,小人之德草。草上之风,必偃"(《论语·颜渊》)。

孔子虽然有"君子喻于义,小人喻于利"的说法,但并不意味着君子不讲"利",而是要求"利合于义""以义制利"。因此,当公西华被派到齐国做使者,冉有替他母亲向孔子请求小米时,"子曰:'赤之适齐也,乘肥马,衣轻裘。吾闻之也:君子周急不继富。'"(《论语·雍也》)乘肥马、衣轻裘,言其富也。急,穷迫也。周者,补不足。继者,续有余。"君子周急不继富",用一句通俗的话来说,即君子只是雪中送炭,不去锦上添花。雪中送炭,能够急人所急,利中见义,乃君子所为。对于富者,则不必锦上添花,尤其是在物质条件还比较匮乏的历史时期就更不必要了。与其锦上添花,不如雪中送炭。这是孔子对于君子在帮助人的问题上所要求的基本原则。

帮助处于急迫情境中的他人是一种义举,可被视为人道主义的义务。"人道主义的义务是出于个体仁慈的情感,是个体对自身行为的一种道德自觉。而正义的义务则具有某种强制性的特征,它是个体或社会必须无条件履行的义务。"[1]"原思为之宰,与之粟九百,辞。子曰:'毋!以与尔邻里乡党乎!'"(《论语·雍也》)程子曰:"原思为宰,则有常禄。思辞其多,故又教以分诸邻里之贫者,盖亦莫非义也。"[2]此中之"义"有二:原思为宰,与之粟九百,本为原思付出劳动之所应得,在孔子看来,这是他

---

[1] 江娅:《人道主义的义务与正义的义务》,《中国人民大学学报》,2009年第1期。
[2] (宋)朱熹:《四书集注》,陈成国标点,岳麓书社,2004年版,第97页。

应尽的"正义的义务",因此让原思"毋辞",若有多的,可分诸邻里乡党以周急,此又表现为人道主义的义务。可见,孔子的"义"包含了人道主义的义务和正义的义务两个方面。

孔子主张以道求富,以义用财,同时对于如何看待现实社会中存在的贫富现象也有自己深刻的见解。"子贡曰:'贫而无谄,富而无骄,何如?'子曰:'可也;未若贫而乐,富而好礼者也。'"(《论语·学而》)"常人溺于贫富之中,而不知所以自守,故必有二者之病。无谄无骄,则知自守矣,而未能超乎贫富之外也。而凡曰'可'者,仅可而有所未尽之辞也。乐则心宽体胖而忘其贫,好礼则安处善,乐循理,亦不自知其富矣。子贡货殖,盖先贫后富,而尝用力于自守者,故以此为问。而夫子答之如此,盖许其所已能,而勉其所未至也。"[①]然而,孔子也深知:"贫而无怨难,富而无骄易。"(《论语·宪问》)富贵却不骄傲,倒容易做到,而要做到贫穷却没有怨恨就很难了。更何况要做到贫而乐呢?

三、贫与乐

孔子所说的"贫而乐"被后世概括为"安贫乐道"。孔子赞扬颜回的一段话是人们在讲"安贫乐道"时必举的例子:"贤哉,回也!一箪食,一瓢饮,在陋巷,人不堪其忧,回也不改其乐。"(《论语·雍也》) 这段话突出的是人们精神境界的高下差异,一般人不理解"道",所以"不堪其忧",颜回领悟了"道",所以"不改其乐"。孔子认为"贫而无谄,富而无骄"不如"贫而乐,富而好礼"。这里的"乐"是"乐道",不是"乐贫"。"回也不改其

[①] (宋)朱熹:《四书集注》,陈成国标点,岳麓书社,2004年版,第60页。

乐",颜回乐的不是贫穷,而是道义未亏;乐的是活得有人格,有品位,被人称为"贤哉",就是一种"体面"。这不是什么"自我陶醉"于"虚幻的幸福感",而是实实在在的价值取向:淡定而尊严,有比富贵苟活更令人满足的东西。《庄子·让王》载:"回有郭外之田五十亩,足以给飦粥;郭内之田四十亩,足以为丝麻,鼓琴足以自娱,所学夫子之道足以自乐也。回不愿仕。"因此,颜回并非"穷且益坚",而是志于求道、乐于求学、忘怀自我。

孔子的"安贫乐道"还是一个完整的价值理念,孔子及其弟子是为了"守道"而"安贫",不是无条件的"安贫","安贫乐道"的核心是"道"。如果撇开"乐道"来谈"安贫",自然就认为是安于贫困,不思进取,怠惰慵懒,无所作为。"安贫乐道"是"有所不为",不是无所作为。因此,当孔子以《诗经》中"不忮不求,何用不臧?"这两句诗称赞子路"衣敝缊袍,与衣狐貉者立,而不耻者,其由也与?"时,子路听了,便对这两句诗"终身诵之",于是孔子又道:"是道也,何足用臧?"(《论语·子罕》)终身诵之,则自喜其能,而不复求进于道矣,故夫子复言此以警之。谢氏曰:"耻恶衣恶食,学者之大病。善心不存,盖由于此。子路之志如此,其过人远矣。然以众人而能此,则可以为善矣;子路之贤,宜不止此。而终身诵之,则非所以进于日新也,故激而进之。"[1]因此,"子曰:'士志于道,而耻恶衣恶食者,未足与议也。'"(《论语·里仁》)但同时,"子曰:'士而怀居,不足以为士矣。'"(《论语·宪问》)这也就是说,"安贫乐道"并不是拒绝财富,安于贫困,无所作为,而是"以道为心",有所为,有所不为。"天下有道则见,无道则隐。邦有道,贫而贱焉,耻也;

---

[1] (宋)朱熹:《四书集注》,陈戍国标点,岳麓书社,2004年版,第131页。

邦无道，富且贵焉，耻也。"（《论语·泰伯》）"道不行，乘桴浮于海。"（《论语·公冶长》）

可见，或贫或富，或贵或贱，皆以道为旨归。在孔子这里，"安贫乐道"和"富而可求"非但不矛盾，而且从根本上是一致的，其整体的精神生态是稳定的、平衡的，道就是其稳定器、平衡阀。"富而可求"是"以道求富"并于"富中求道"，而"安贫乐道"则在"乐于道"中"安贫"，即使身处贫困，仍能守道不阿，"志于道，据于德"，行仁由义，穷不改志，保持心境的安坦，保持人的尊严与格的高尚。"子曰：'饭疏食饮水，曲肱而枕之，乐亦在其中矣。不义而富且贵，于我如浮云。'"（《论语·述而》）这里的"其"显然是"道"，孔子是"乐在道中"，而不是乐在"饭疏食饮水，曲肱而枕之"的贫困之中。"安贫"而不是"乐贫"，令孔子乐的是"道"，道在，乐即在。可见，"圣人之心，浑然天理，虽处困极，而乐亦无不在焉。其视不义之富贵，如浮云之无有，漠然无所动于其中也"①。因此，孔子"在陈绝粮，从者病，莫能兴。子路愠见曰：'君子亦有穷乎？'子曰：'君子固穷，小人穷斯滥矣。'"（《论语·卫灵公》）孔子在陈国断绝了粮食，跟随的人都饿病了，爬不起床来。子路很不高兴地来见孔子，说道："君子也有穷得毫无办法的时候吗？"孔子道："君子虽然穷，还是坚持着，小人一穷便无所不为了。"②君子穷困之时还在坚持着什么呢？曰：道。"君子固穷"并非君子本来就穷困，天生就穷困，而是"君子穷亦固"。君子处于穷困的条件下，还能够固守自己的志向，还能够坚持自己的操守，还能够坚

---

① (宋)朱熹：《四书集注》，陈戍国标点，岳麓书社，2004年版，第110页。
② 杨伯峻：《论语译注》，中华书局，2012年版，第225页。

持自己的追求。这也是孔子所讲的君子和小人区别的重要之处,"小人穷斯滥矣",小人一旦遭遇穷困就私欲泛滥,无所不为了。

君子与小人的区别也可被视为仁者与不仁者的区别。"子曰:'不仁者不可以久处约,不可以长处乐。仁者安仁,知者利仁。'"(《论语·里仁》)孔子说:"不仁的人不可以长久地居于穷困中,也不可以长久地居于安乐中。有仁德的人安于仁(实行仁德便心安,不实行仁德心便不安);聪明人利用仁(他认识到仁德对他长远而巨大的利益,便实行仁德)。"①朱熹解释道:"不仁之人,失其本心,久约必滥,久乐必淫。利,犹贪也,盖深知笃好而必欲得之也。惟仁者则安其仁而无适不然,知者则利于仁而不易所守。盖虽深浅之不同,然皆非外物所能夺矣。"②三者之中,"不仁者"不免害"仁","知者"虽能"利仁",但因其专注于对"仁"的"利"用,则有可能失去"仁"之本体。唯"仁者"不仅可以做到"安仁",而且正因其"安仁",使"仁者"既"可以久处约",亦"可以长处乐"。对于"仁者"来说,外在环境已经显得不那么重要了。"子曰:'里仁为美。择不处仁,焉得知?'"(《论语·里仁》)里有仁厚之俗为美。择里而不居于是焉,则失其是非之本心,而不得为知矣。所谓仁者,无论身居何处,皆有仁德同在。"子欲居九夷。或曰:'陋,如之何?'子曰:'君子居之,何陋之有?'"(《论语·子罕》)即使陋室,因"君子居之",也就不再"陋"了。

原来,仁者、君子所忧的既不是"陋室",亦不是"有穷",他们或忧或谋的都不过是"道"。"子曰:"'君子谋道不谋食。

---

① 杨伯峻:《论语译注》,中华书局,2012年版,第48页。
② (宋)朱熹:《四书集注》,陈戍国标点,岳麓书社,2004年版,第78页。

耕也，馁在其中矣；学也，禄在其中矣。君子忧道不忧贫。'"（《论语·卫灵公》）耕所以谋食，而未必得食。学所以谋道，而禄在其中。然其学也，忧不得乎道而已，非为忧贫之故而欲为是以得禄也。尹氏①曰："君子治其本而不恤其末，岂以在外者为忧乐哉？"②孔子说的"君子谋道不谋食""君子忧道不忧贫"，"不谋食""不忧贫"是否是不管经济，忽视民生呢？当然不是，这里只是讲"谋道、忧道"比"谋食、忧贫"的影响范围更广，效益更高，应优先考虑，只要把道谋好了，贫穷和饥饿的问题就可以迎刃而解，即"学也，禄（官俸、工薪）在其中矣"。更进一步地，"君子忧道不忧贫"，所以才能做到贫而乐。可见，其忧在道，其乐亦在道。其道为何？曰：仁。因此，"子曰：'当仁，不让于师。'"（《论语·卫灵公》）当仁，以仁为己任也。虽师亦无所逊，言当勇往而必为也。盖仁者，人所自有而自为之，非有争也，何逊之有？即使有所争，其所争者必为"仁"也。在仁面前，即使是老师，也不同他谦让。这是一种坚持真理的"不惧"之"勇"，也是一种澄澈通透的"不惑"之"知"。"子曰：'君子道者三，我无能焉：仁者不忧，知者不惑，勇者不惧。'"（《论语·宪问》）此三者中，后二者以前者为出发点和落脚点，也即是说，只有"仁者无忧"，才能真正做到"知者不惑，勇者不惧"；同时，"知者不惑，勇者不惧"又以"仁者无忧"为目的和归宿。

那么，为什么"仁者无忧"呢？这源于君子经常自省的道德修养习惯。"内省不疚，夫何忧何惧？"（《论语·颜渊》）其实，孔子、颜回都是因为"道德有于身"才得以忘忧、乐处的。当然，

---

① 尹氏，即尹焞(tūn)，系著名理学家程颐直传弟子。
② (宋)朱熹：《四书集注》，陈戍国标点，岳麓书社，2004年版，第190页。

"仁者无忧",并不是完全不计利害得失,只不过是"忧道不忧贫"《论语·卫灵公》,更多关注的是精神生活、道德修养,"德之不修,学之不讲,闻义不能徙,不善不能改,是吾忧也"(《论语·述而》)。可见,"仁者无忧"与"君子忧道不忧贫"在精神实质上是一致的,都强调内在的道德修养对高尚人格的养成所具有的重要意义。人们所处的环境总是有顺有逆,经济条件也总是有贫有富,只要始终保有一颗仁者之心,不为外物所累,就能够不仅做到"贫而无谄,富而无骄",而且亦能做到"贫而乐,富而好礼"。也许这正是安贫乐道之"道"所具有的无法测度的精神力量。

第四章　孟子生态消费伦理思想

孟子是孔子之后首屈一指的儒学大师，对儒学的创新发展作出了巨大的理论贡献。孟子曾周游列国，不辞辛劳地向诸侯国君游说实行他的仁政。但由于当时历史环境的特殊性，没有一个君主能够真正接受并推行他那一套"迂远而阔于事情"的方案。像孔子一样，孟子的仁政学说并不仅仅局限于治国安邦本身，而于其仁政之中亦包含着对天地万物的伦理关怀，这在环境问题日益严重、人与自然关系恶化的今天无疑能够给我们带来深刻的启发。

第一节　爱物及其伦理原则

孟子的生态观在一定程度上继承了孔子。对自然万物的关怀，是以孔子为代表的儒家"仁学"的重要内容。孟子对孔子的"仁学"不仅从心理情感上进行论证，而且还进一步推广到自然万物，并在人与自然之间建立一种整体的价值关系。孟子说："仁者无不爱也。"（《孟子·尽心上》）孟子的这句话蕴意深远，不仅涵盖而且超越了孔子的"仁者爱人"的范围，大大扩展了其外延，从对亲人、对百姓的爱，推广到了对草木禽兽等万物的爱，这是对包括所有人和所有非人存在物的普遍的爱，虽然这种普遍的爱在施于不同对象时存在着差别。徐铉等解说"仁"字时说："仁者兼爱，故从二。"意思是说，仁人能够兼爱，故字形从二，二为天地，表示天地间万物。这意味着"仁"字的本义，不但要爱人，而且还要爱凡天地间的任何物。

一、爱人及物

作为"爱"之实质和准绳的"仁"，具有一种无所不包的强大威力，"仁者以其所爱及其所不爱"（《孟子·尽心下》）。这样，仁者爱的范围就大大地扩展了，除人之外的非人存在物，即万物，都成为道德关怀的对象。"因此，以'爱'及'物'也就是将道德法则运用到天地间存在的一切事物上来。换言之，人们对自身的生态行为要有一套规范和评价的准则，'爱物'也就是类似'生态道德'的概念。"①当然我们不能将爱物与今天的生态道德完全等同，也不可能完全等同。如果说孟子的爱物还仅仅是一种由内而外的推衍式的道德直觉或发自肺腑的道德情感，那么，今天的生态道德则是一种由外而内的反思式的道德自觉或"生于忧患"的道德批判。

孟子整个思想体系都是从"心"开始的。《孟子·离娄下》载："人之所以异于禽兽者几希，庶民去之，君子存之。"人禽虽然只有"几希"的差别，但这一点却远非无关紧要而是至关重要的，是人之所以为人的根据所在，也是人之所以异于、高于、尊于禽兽的原因所在。这个"几希"就是"人皆有不忍人之心"

---

① 张云飞：《试析孟子思想的生态伦理学价值》，《中华文化论坛》，1994年第3期。

"恻隐之心",是人人都有的道德本心。"恻隐之心"为"仁之端也",也就是仁的根苗。人在现实生活中是否拥有仁德,主要取决于人能不能扩充这种"仁之端",能不能将潜藏于每个人生命之中的这一"异于禽兽"之"几希"的"恻隐之心"激发出来。其检验的标准即是否能够做到"仁民而爱物"。"君子之于物也,爱之而弗仁;于民也,仁之而弗亲。亲亲而仁民,仁民而爱物。"(《孟子·尽心上》)按照朱熹《四书集注》中的解释,"物"其中包括"禽兽草木","爱"谓"取之有时,用之有节"。①当然,这里的"物"应不仅仅局限于朱熹所理解的"禽兽草木",而应指除人之外的一切自然存在物。因此所谓"爱物",用今天的话来说,就是珍惜自然万物,对自然资源"取之有时,用之有节"。"'爱物'是由亲亲、仁民推衍而来的,一个人只有亲爱自己的亲人时,才有可能推及他人,去仁爱百姓;只有当仁爱百姓时,才有可能珍爱万物。孟子将爱的不同层次区分为亲爱、仁爱、珍爱,且成为一种递推式的不同形式的关系,但三者并非截然对立。"②不但不是截然对立的,而且应是"三位一体"的,缺少其中任何一方面都不完整。虽然这是一种由近及远、由己及人及物地推出去的顺序,但我们亦可由远及近、由物及人及己地反推回来,因为只有这样才能实现三者之间的爱的良性循环与相互促动,也只有这样才能使人之"异于禽兽"的"几希"得到生动的诠释和充分的表达。

由于"人皆有不忍人之心",并且能够将这种"恻隐之心"推己及人,推人及物,因此就有了"不忍物之心"的具体表现。孟

---

① (宋)朱熹:《四书集注》,陈戍国标点,岳麓书社,2004年版,第399页。
② 王美凤:《先秦儒家伦理思想概要》,陕西师范大学出版社,2010年版,第129页。

子曰:"君子之于禽兽也,见其生,不忍见其死;闻其声,不忍食其肉。是以君子远庖厨也。"(《孟子·梁惠王上》)这里的"物"即禽兽。人能够将其"异于禽兽"的"几希",即作为"仁之端"的"恻隐之心"施于禽兽,这种"爱物"的表现实质上亦是人高于禽兽之处。在人与禽兽——进一步推之,即人与万物——的关系中,人无疑处于主体地位,所以才有了人对于物的爱,是人以仁爱物。这种爱对禽兽而言,也可谓是一种恩德。也就是说,在人与禽兽、人与万物的不对等关系中,物虽然并不享有被恩待的权利,它们也无法提出这一权利要求,但并不意味着人没有恩待禽兽、万物的义务,因为人是拥有这种义务意识的,并且正因人的这种意识,才彰显出人的高贵之处。正是在这种意义上,孟子提出来的"恩及禽兽"的思想观念可被视为对其爱物思想的一个最好的注释。他说:"故推恩足以保四海,不推恩无以保妻子。古之人所以大过人者,无他焉,善推其所为而已矣。今恩足以及禽兽,而功不至于百姓者,独何与?"(《孟子·梁惠王上》)这里孟子采用的仍然是"亲亲、仁民、爱物"式推衍的思路和方法。"推恩及物",也就是"爱物"的另一种阐释,而"禽兽"是相对于"物"来说的,是"物"的一个属概念。因而"爱物"以及"恩及禽兽"的思想构成了孟子生态伦理观的基本内核。

人所处其中的伦理生活世界或道德生活系统通常且不可避免地是由生态道德和人际道德两大部分构成的,这一点不仅适用于环境问题突出、生态危机严重的当今时代,而且适用于人类的任何历史时期。在孟子这里,生态道德即爱物,人际道德即亲亲、仁民。我们可以清楚地看到,孟子巧妙地通过亲亲、仁民、爱物三位一体将人际道德与生态道德完整和谐地联系在一起。先秦儒家从刚一开始便具有"家、国、天下"的情怀与抱负,这一点在孟子这里不可能没有表现。"亲亲"无疑表现的是"家"的情怀,"仁民"可被视为关于"国"的表达,而"爱物"从广义上可被理解为"天下"。"家—国—天下"与"亲亲—仁民—爱物"二者相互发明,同源同构。道德关怀的范围以此扩展,徐徐推衍,由近而远,由家而国而天下,由亲及民及万物,自然而然,毫无矫饰。

二、爱物的伦理原则

孟子之爱物所遵循的是尊重自然的伦理原则。他说:

> 不违农时,谷不可胜食也;数罟不入洿池,鱼鳖不可胜食;斧斤以时入山林,材木不可胜用也。谷与鱼鳖不可胜食,材木不可胜用,是使民养生丧死无憾也。养生丧死无憾,王道之始也。(《孟子·梁惠王上》)

这段话明显包含了孟子"仁民"和"爱物"的伦理关怀。"仁民"即"使民养生丧死无憾",又是通过"爱物",通过尊重并遵循自然规律,从而使"谷与鱼鳖不可生食,材木不可胜用"得以实现的。可见,以尊重自然为伦理原则的爱物是何等重要。中国古代文明是典型的农耕文明,而农耕文明的一个显著特征即是"不违农时"。春耕、夏耘、秋收、冬藏各有其时,一旦违反,就会受到自然规律的"惩罚",收成就会受到影响,进而影响到百姓的生存状况和国家的发展。因此,孟子首先强调"不违农时"。但农耕文明并不仅仅局限于五谷的生产,渔业和林业也同样重要。中国老百姓有句俗语:"靠山吃山,靠水吃水。"实际上说的就是渔业和林业。但渔业和林业的发展同样需要遵循自然的基本规律,要做到孟子所说的"数罟不入洿池""斧斤以时入山林",只有这样才能确保"鱼鳖不可胜食""材木不可胜用"。可见,人类对自然基本规律的尊重和遵循与自然对人类的回报和祝福之间存在着明确的因果关系。

孟子一方面尊重自然,重视发展农业,另一方面却反对"辟草莱,任土地"和"从兽无厌"的行为,因为在他看来,这两种行为都是不道德的。我们权且抛开孟子这一反对的政治考量不谈,仅就这两种行为可能给自然带来的破坏而言,即使在今天也仍有值得借鉴之处。"尊重自然并不意味着无所作为,更不意味着人类不可以利用和改造自然。它只是要求人类在利用和改造自然时要尊重自然的基本规律;在满足人类生存需要的同时,适当关注其他生命的生存和延续。"[①]"辟草莱,任土地"和"从兽无厌"本身确实体现了人对自然有所作为的所谓"主体性",但在这两种行为中,人对自然的开发和利用采取的是无节制的、贪得无厌的方式,并没有给予自然以应有的尊重,没有关注其他生命的生存和延续,一味攫取,只求自身需要的满足。这样的行为极有可能损害大自然的基本过程。在1982年10月联合国大会通过的《世界自然宪章》所提出的用于指导和判断人类对于自然的行为的五条基本原则中,第一条就是:"应尊重大自然,不得损害大自然的基本过程。"不得损害大自然的基本过程,也就意味着应尊重并维护自然的完整性与稳定性,维护生态系统的平衡,保护生物多样性,而"辟草莱,任土地"和"从兽无厌"的行为,尤其是后者对动物的生存所带来的威胁和伤害,实质上亦是对自然生态系

[①] 甘绍平、余涌主编:《应用伦理学教程》,中国社会科学出版社,2008年版,第231页。

统的完整、稳定、和谐与美丽的威胁和伤害。因为毫无疑问，动物是自然生态系统的不可或缺的重要组成部分，所以不虐待动物，爱护动物，也是尊重自然的重要表现。

第二节　自然资源消费的伦理制约

如果说反对"从兽无厌"表现的是孟子爱物伦理思想的话，那么"辟草莱，任土地"则更多的是就自然资源的开发利用，或者说自然资源消费的伦理制约而言的。孟子继承了孔子所提倡的节制之德，要求人们"取之有度""用之有节"，珍惜资源，慎用资源。虽然这主要是从政治和经济角度来考虑问题的，但客观上确能起到合理利用自然和珍惜保护自然的作用。

一、自然之"时"与牛山之木

在孟子看来，要想达到合理开发利用自然资源的目的，就必须首先认识、把握并遵循自然事物的发展规律。自然在孟子那里通常表述为"天"，即自然之天。他在谈到禾苗和雨水的关系时，说："七八月之间旱，则苗槁矣。天油然作云，沛然下雨，则苗浡然兴之矣。"（《孟子·梁惠王上》）田间禾苗遇旱则槁，遇雨则兴，这是自然规律。面对自然规律，人们所能做、所应做的就是尊重和顺应，合理开发利用自然生态资源，使自然万物在"天时、地利、人和"的共同作用下繁荣兴盛，使人类社会的存在和发展拥有一个坚实的自然基础。

自然之天按照自然规律运行变化，日出日落，刮风降水，春华秋实，四季更替，周而复始，总有定时。实际上，孟子已直觉地意识到了"时"的重要性，正如他引用齐人谚语所论到的:"虽有智慧,不如乘势;虽然镃基,不如待时。"(《孟子·公孙丑上》)人类对自然的开发利用虽然需要智慧并借助一定的外在力量如生产工具和生产技术,但要使人类的智慧和手中所掌握的工具技术发挥应有的作用,"时"的重要性是不言而喻的。犹如"万事俱备,只欠东风",没有"东风",则事不成。同样,若自然之"时"未到,则人类只能"待时"而动,不可任性而为,因为任性而为所导致的后果必然是对自然生态的破坏和人类自身利益的受损。这是一条类似于自然规律的人类历史发展铁律,此二"律"已不可分割地纠缠在一起,因为毕竟人类社会的历史发展从来都是在自然中展开的,无论人类的智慧和技术力量如何强大,都不可能完全摆脱自然对人类活动的制约。无论如何,人类总是自然的一部分,在违反自然规律的前提下开发利用自然,智慧越高,技术越发达,力量越强大,造成的消极后果就越严重。

对自然资源的开发利用实质上亦是对自然资源的消费,这是一种生产性消费,相较于生活性消费,其所需要的资源能源更多,对自然生态的影响更大。如果这两种消费同时"发力",自然一定不堪重负。这种情形在孟子所处的先秦时期其实已有所表现,只是不如今天表现得如此显著。消费通过生产直接作用于自然,这是一个持续不断的过程,因为人类要生存和发展,就必须不停地消费,而人类消费的一切都根源于大自然。有些消费是超能耗的,比如战争。孟子所处的春秋战国时期战争频仍,"在这500多年(公元前750年—公元前200年)中,有记录的战争达到1000多次,其中大部分发生在后250年中,因而将其命名为'战国'

（公元前481年—公元前221年）也是恰如其分的"①。如此频繁的战争给自然带来的创伤是无法想象的。各国之间互相攻伐，为了在战争中取得胜利，至少避免失败和灭亡，每个国家都极尽开发挖掘自然资源之能事。无论战争本身，还是战争所需要的所有生产资料、生活资料以及兵器和各种工具，都来源于自然，都无疑对自然造成了严重破坏。因此可以判断，孟子所举的"牛山之木"绝非个例，而应是当时非常普遍的社会现实。他说：

> 牛山之木尝美矣，以其郊于大国也，斧斤伐之，可以为美乎？是其日夜之所息，雨露之所润，非无萌蘖之生焉，牛羊又从而牧之，是以若彼濯濯也，以为未尝有材焉，此岂山之性也哉？虽存乎人者，岂无仁义之心哉？其所以放其良心者，亦犹斧斤之于木也，旦旦而伐之，可以为美乎？其日夜之所息，平旦之气，其好恶与人相近也者几希，则其旦昼之所为，有梏亡之矣。
>
> 梏之反复，则其夜气不足以存；夜气不足以存，则其违禽兽不远矣。人见其禽兽也，而以为未尝有才焉者，是岂人之情也哉？故苟得其养，无物不长。
>
> 苟失其养，无物不消。孔子曰："操则存，舍则亡；出入无时，莫知其乡。"
>
> 惟心之谓与？（《孟子·告子上》）

如果说战争是造成破坏自然资源的社会原因，那么自然自身

---

① 〔美〕马立博：《中国环境史：从史前到现代》，关永强、高丽洁译，中国人民大学出版社，2015年版，第89页。

的基本规律的不可违背性则是其自然原因。造成牛山由绿变秃，由"牛山之木尝美"而为"若彼濯濯"，既有社会历史的原因，又有自然原因。说到底，是人的原因，是人的破坏性活动的结果。人的社会实践是主观见之于客观的活动，其中的客观既有人类社会系统的历史发展的客观规律，亦有人类实践所赖以开展的自然系统运行的客观规律。人类实践活动只有主观与客观相结合、相一致、相协调，才能相互促进，共同发展。牛山之木之所以遭到如此厄运，一方面是其所处的地理位置"优越"——"郊于大国"，这样的位置一定交通便利，便于进出和取材。而既是"大国"，想必所需之材亦不会少。加之牛山之木如此之美，其吸引力可想而知。于是"斧斤伐之"，"牛羊牧之"，日复一日，年复一年，牛山之木美不再美，当然亦不再重现昔日"斧斤伐之""牛羊牧之"的开发利用这一看似"取之不尽，用之不竭"的自然资源的"盛况"。

牛山之木的遭遇是惨痛的，牛山的教训不可谓不深刻。这一教训的焦点便是人类在开发利用自然资源时一定不能肆无忌惮，而应尊重自然万物，遵循自然规律，按照"山之性"有节制地消费。只取不予，只消费不养护，再丰富的自然生态资源都会枯竭。因此，孟子通过牛山之木所要说的重点在"养"，"养物"是"爱物"的具体表现和进一步落实。

二、预防原则之于养物

从孟子"是其日夜之所息，雨露之所润，非无萌蘖之生焉"之语来看，孟子显然是注意到了自然的自我修复能力。不过孟子也清醒地意识到，自然虽然有一定的自我修复能力，但这一能力无疑是有限度的，如果超出这一限度，也就是"苟失其养"，其结果是"无物不消",这也就意味着自然的自我修复能力已经无法得到恢复了,即使加倍努力去"养"也无济于事。可见,"养"对保护和利用自然来说更多的是事前预防性的,而非事后补救性的,事后的补救往往于事无补,因为自然生态一旦被破坏,就是不可逆的。因此,人所要做、所应做的就是尽可能保持和增强自然的自我修复能力,也就是要在自然的自我修复能力限度内使其"得养",避免"失养"。而"所谓养,即物产养护的意思,这是孟子看到牛山由绿变秃后提出的实践性思想。山无草木之美,不是山的本性,而是'失养'的结果,如'得养'则万物生机勃勃,'无物不长'。"①其实,牛山是"失养"还是"得养",不仅关系到牛山本身的命运问题,还关系到"斧斤"能否持续"伐之","牛羊"能否持续"牧之",并进一步地决定了老百姓的生活来源能否持续地从大自然中获取,"大国"能否持续地发展并保持强大。

可见,"养物"无论对于自然的持续良性运行,还是对于人类社会的持续存在乃至永续发展,都具有不言而喻的基础性意义。从孟子所描述的牛山变化的过程我们可以发现,对"养物"的强调实际上暗含了保护生态环境、遵循预防原则的重要性。"作为制定环境保护政策的一项指导原则,预防原则(precautionary principle)最早出现于 20 世纪 70 年代的联邦德国。其核心理念是,国家应通过制定全面的具有前瞻性的计划,努力避免环境破坏的发生。"②当然,在孟子所处的战国时代,从国家层面制定专门用于保护自然生态环境的政策是难以想象的。预防原则体现了

---

① 蒲沿洲:《论孟子的生态环境思想》,《贵州工业大学学报(社会科学版)》,2004 年第 2 期。
② 甘绍平、余涌主编:《应用伦理学教程》,中国社会科学出版社,2008 年版,第 233 页。

国家在制定环境保护政策方面的前瞻性,是国家具有长远发展眼光的体现。战国时代的各国君王若能具有这种眼光,韬光养晦,有所为又有所不为,切实保护关系到国家生死存亡根基的自然生态,"养物"以"养国""强国","以不变应万变",必能在各国争夺征伐的过程中保持优势地位。遗憾的是,战国时期的几乎所有国家,无论大国小国、强国弱国,都目光短浅,只顾眼前利益,你争我伐,对自然资源疯狂掠夺,对生态环境大肆破坏。其结果不仅大自然难以承受,千疮百孔,无法修复,而且国家发展亦无以为继,岌岌可危,难逃败亡的厄运。预防原则虽然是在当今人类面临严重的环境问题和深刻的生态危机的背景下提出的,但人类历史的发展无论古今还是中外,在一些基本问题方面则几无差别,甚至可以说从根本上就是相同的。人类在开发利用自然资源方面所表现出的急功近利和狭隘视野,历史和现实的教训都不可谓不多。人类似乎养成了这样一种习性,总认为先破坏后补救、先污染后治理的道路是行得通的,总相信一切都还来得及。但不变的始终是自然法则,变化的是人类日益增长的科技力量和不断减少的物种多样性以及由此导致的生态系统越来越脆弱。预防原则的提出实在是自然对人类"倒逼"的结果。而孟子在两千多年前已经在其本质即为今天的预防原则的"养物"思想中提醒了人类对待自然应抱持的伦理态度。

当然,我们十分清楚,"牛山之木"并不是孟子所要表达的"醉翁之意","养物"之喻实乃为"养心"而设。其实,"养物"不仅能够"养身",更能"养心"。或者说,"养物"的过程就是人的身心皆"得养"的过程。而关于"养心",孟子说:"养心莫善于寡欲。"(《孟子·尽心下》)又说:"存其心,养其性,所以事天也。"(《孟子·尽心上》)孟子的"养心寡欲"与其对"天人合一"的追求在一定意义上是一致的。

第三节 养心寡欲与天人合一

孟子以"牛山之木"为喻强调养物的重要性,并进而指出养心对于人而言具有更为根本的意义。孟子认为"心"是人之为人的本质所在,也是人与禽兽相区别的伦理标准。"人之所以异于禽兽者的几希,就好像是清明的平旦之气,在和这个世界的接触之中,在旦昼的所为中,持续地减弱和消失。在不断的反复中,虽有夜气之息的反省和存养工夫,仍然不足以对抗其旦昼之所为,因此无法存留住此良心,使人不断地滑向禽兽。"[①]从消极方面来说,养心首先确保通过存养功夫的修为使人不致滑向禽兽的地位,这也可以从中看出孟子虽然是一个理想主义者,但同时也是一个清醒的现实主义者,因为他清楚地看到人性的软弱,如无自省意识,下存养功夫,至少有滑向禽兽的可能。由此孟子极言"养心"的重要也就不足为怪了。在孟子看来,"养心"如同"养物",可谓"道通于一"。就"养物"而言,"苟得其养,无物不长;苟失其养,无物不消"。同样,就"养心"来说,"苟得其养,无心不存;苟失其养,无心不放"。心的"存"或"放",全赖"养"之得失。

一、养心寡欲以义为上

孟子关于"养心"最经典的表述见于《孟子·尽心下》:

[①] 王博:《中国儒学史(先秦卷)》,北京大学出版社,2011年版,第331页。

> 养心莫善于寡欲。其为人也寡欲，虽有不存焉者寡矣。其为人也多欲，虽有存焉者寡矣。

"养心"的方法可以有很多，但孟子认为最好也最有效的方法是"寡欲"，也就是要减少物质欲望。他基本上将"心"之"存"或"不存"与"欲"之"寡"或"不寡"视为成反比的一对关系。孟子所说的"寡欲"之"欲"显然主要指的是生理方面的欲求，其中有些是不合理的、不利于人的身心健康的，对于这些可能对"养心"产生负面效应的欲求，当然是要减少乃至摒弃的。

但人的行动总是受欲望驱动的，人的心中也总是被各种欲望所充满，这也是一个不争的事实。孟子并没有回避这一事实，而是理性直面并给出了自己的解决方案，那就是在两种欲望"不可得兼"的矛盾情况下遵循"以义为上"的伦理原则作出取舍，以确保其心"得养"，不"失其本心"。实际上，"义"本身即是一种"欲"，是孟子所作出的取舍的两种欲望中的一种，只不过是较高层次的、更重要的那一种。

> 孟子曰："鱼，我所欲也，熊掌亦我所欲也；二者不可得兼，舍鱼而取熊掌者也。生亦我所欲也，义亦我所欲也；二者不可得兼，舍生而取义者也。生亦我所欲，所欲有甚于生者，故不为苟得也；死亦我所恶，所恶有甚于死者，故患有所不辟也。如使人之所欲莫甚于生，则凡可以得生者，何不用也？使人之所恶莫甚于死者，则凡可以辟患者，何不为也？由是则生而有不用也，由是则可以辟患而有不为也，是故所欲有甚于生者，所恶有甚于死者。非独贤者有是心也，人皆有之，贤者能勿

丧耳。一箪食，一豆羹，得之则生，弗得则死，嘑尔而与之，行道之人弗受；蹴尔而与之，乞人不屑也。万钟则不辩礼义而受之。万钟于我何加焉？为宫室之美、妻妾之奉、所识穷乏者得我与？乡为身死而不受，今为宫室之美为之；乡为身死而不受，今为妻妾之奉为之；乡为身死而不受，今为所识穷乏者得我而为之，是亦不可以已乎？此之谓失其本心。"（《孟子·告子上》）

如果说"义"是孟子"欲望世界"中的一种欲望的话，那么它无疑就是最具道德力量的那一种，因为在他看来，"义"对于一个人的生命具有决定性的意义，是可以"舍生而取义"的。一般而言，生命对于任何一个人来说都是最为珍贵的，因为人一旦失去了生命就等于失去了一切。但对孟子来说，还有比生命更为珍贵的东西，那就是"义"，或者说，"义"就是生命，如果没有"义"，生命就没有了价值，失去了意义。可见，孟子"养心"所"寡"之"欲"绝非在"二者不可得兼"的情形中所要"取"的"义"，恰恰相反，"义"这种"欲"越多，对于"养心"就越有益。

因此，孟子并不一味地反对"欲"，也从未将"欲"视为"恶"，只是在"二者不可得兼"的情况下才显示出"欲"的不同层次来。当然，如果两种存在层次差别的"欲"可以"得兼"的话，那当然是最好不过了。但遗憾的是，当现实中两种"欲"发生冲突时，常常是不能"得兼"的，而且绝大多数人都倾向于选择较低层次的那种"欲"，选择"从其小体"，做"小人"，很少有人选择"从其大体"，做"大人"。

孟子曰："人之于身也，兼所爱。兼所爱，则兼所养也。无尺寸之肤不爱焉，则无尺寸之肤不养也。所以考其善不善者，岂有他哉？于己取之而已矣。体有贵贱，有小大。无以小害大，无以贱害贵。养其小者为小人，养其大者为大人……饮食之人，则人贱之矣，为其养小以失大也。饮食之人无有失也，则口腹岂适为尺寸之肤哉？"

公都子问曰："钧是人也，或为大人，或为小人，何也？"孟子曰："从其大体为大人，从其小体为小人。"曰："钧是人也，或从其大体，或从其小体，何也？"曰："耳目之官不思，而蔽于物。物交物，则引之而已矣。心之官则思，思则得之，不思则不得也。此天之所与我者。先立乎其大者，则其小者不能夺也。此为大人而已矣。"（《孟子·告子上》）

如果说孟子以"寡欲"而"养心"的功夫总显得有些消极的话，那么"先立乎其大者，则其小者不能夺也"，确立心在人的生命中的主导地位显然积极得多。毕竟，任何人都不可能无欲。所谓物欲，意即欲总是与物相关，甚至总是由物所引起。"物交物"，是作为小体的耳目口腹与外部环境的物相接触，于是欲望产生。若随从生理欲望的牵引和驱动，任其自然增长，则人很容易受物的蒙蔽，即"蔽于物"，心被物惑，失其本心，成为小人。在大人和小人之间，孟子呼吁人们做大人，不做小人，因此必须在面对物时，"先立乎其大者"，从其大体，成为大人。大体与小体区分的标准，是从"心"与从"欲"的差别。就本质而言，从"心"实际上是以"欲"从"心"，而从"欲"实际上是以"心"从"欲"，说的其实是"心"与"欲"谁主谁从的问题。心的存养，是以"欲"从"心"的结果，而心的放失，则是以"心"从"欲"造成的。而心的存与失也带来了君子与小人的区别。如孟子说："君子所以异于人者，以其存心也。"（《孟子·离娄下》）"人之所以异于禽兽者几希，庶民去之，君子存之。"（《孟子·离娄下》）

在谈及"心"的丧失时，孟子承认外界环境的影响。"心"的体认，必须是一个高度自觉、坚持不懈的过程，常人或为外界所诱惑，或不能坚持到底，才使得这种至善之心逐渐泯灭。对于外界的诱惑，孟子曾举数例，如"富岁，子弟多赖；凶岁，子弟多暴，非天之降才尔殊也，其所以陷溺其心者然也"。又如贪图"宫室之美，妻妾之奉"（《孟子·告子上》），对于"万钟则不辩礼义而受之"（《孟子·告子上》），"此之谓失其本心"，承认外在环境对于人心的消磨作用。同时在孟子看来，"心"依于人的道德自觉与反思，能以心制欲，使欲从心，引导人摆脱生理欲望的歧出和物质世界的引诱，使心与欲并行不悖，心与物和谐统一，向"尽心知性"的方向迈进，从而达到"万物皆备于我"的"天人合一"之境。

二、尽心知性天人合一

孟子是一位现实理性且积极进取的理想主义者。他从"心"出发观照万物，这样便可使万物存于一"心"，从而使"心"与物了无阻碍，天与人合一于"心"。

> 孟子曰："万物皆备于我矣。反身而诚，乐莫大焉。强恕而行，求仁莫近焉。"（《孟子·尽心上》）
> 尽其心者，知其性也。知其性，则知天矣。（《孟

子·尽心上》)

我们完全可以将此处的"我"理解为具有普遍意义的"人","万物"可被合理地理解为"我"之外,即相对于"我"的所有事物。只不过这里的"我"与"万物"之间并非也绝非主客二分的"分"的关系,而是"物在我中,我在物中"的"合"的关系。孟子对于"万物皆备于我"的人与万物或人与自然的和谐、合一的关系,是有充分的道德信念的。这一道德信念来自于"我"的"反身而诚"的道德努力。"诚者,天之道也;思诚者,人之道也。"(《孟子·离娄上》)"孟子认为'诚'是客观存在于'天'的最高法则,而'思诚'是人之道,人反躬自省所求得的'诚'与'天之道'的'诚'达到了同一水平,此时,万物与我为一,人与天相参,进入到一个'万物皆备于我'的天人相通的精神境界。"① "人之道"与"天之道"相通于"诚",从而达到天人合一。"诚"既为"天之道","思诚"既为"人之道",显然"人道"是本于"天道"的,只是需要人之"思",即"尽其心"的道德追求过程。"尽其心者,知其性也。知其性,则知天矣。存其心,养其性,所以事天也。"(《孟子·尽心上》)通过"尽其心",便可"知性"进而"知天"。"知性则知天矣"中的"知性"之"性"即"诚","知天"即知"天之道"。因此,"知性则知天"即知"诚"则知"天之道",因为"诚"即"天之道"。而"知"又当然是人"知"的,于是,通过人的"尽其心",天人便合一于诚,合一于道,合一于心。人若"尽其心"并"存其心",就能体

---

① 刘玉娥:《孟子的"天人合一"观及其对当代生态文明建设的启示》,《鄱阳湖学刊》,2012年第1期。

认并把握道，如此，天道与人道便"一于心"，也便实现了"天人合一"。由此不难看出，天人最终是合一于人自身的。因此也就不难理解孟子何以特别强调人自身的道德修养、强调"心之官"、强调"大体"的重要性了。孟子的天人合一是通过内求来实现的，这是他的基本思路。通过生存于天地之间的人向内求索的努力以培养一种"浩然之气"，而具有这种气质、气象的人又不仅是社会的人，还是宇宙的人，是宇宙的一份子，能够与天地参，以天地为旨归，从而玉成天人合一之境，"物物而不物于物"。

由此可见，"以人为本"是孟子在强调天人合一时不容忽视和不可或缺的重要面向。其实，"以人为本"与"天人合一"并不矛盾，"天人合一"之"天"是融"宇宙之天""自然之天"与"道德之天"于一体的。人作为宇宙、自然中的一份子，虽然是唯一的主体，但与"宇宙"或"自然"意义之天的合一，不管人愿不愿意、承不承认，也无论人如何对待和处理与自然的关系，都是一个不争的、无法改变也无法摆脱的事实。而作为"道德之天"与人合一，同样不仅是可能的，而且只要人愿意，亦可成为现实，因为人是也不可能不是道德的存在。这样，"道德之天"与"道德之人"便合一于"道德"。在孟子看来，这道德是内在于心的。甚至可以说，孟子的天之道德不过是人之道德的另一种表述。因此，从孟子所着重强调的道德意义上来说，天人不可能不合一。

孟子对"天人合一"的生态伦理问题的讨论，是建立在其"王道"的政治哲学的基础之上的。孟子既是一位理想主义者，也是一位现实主义者，或者可以说他既是一位现实的理想主义者，也是一位理想的现实主义者。如果说"天人合一"多少有些理想色彩的话，那么，"王道"则更多地反映了孟子对现实的伦理关

怀。虽然前者并非全然无视现实,后者也未尝全然不是理想的勾画。他在《孟子·梁惠王上》中说道:

> 不违农时,谷不可胜食也;数罟不入洿池,鱼鳖不可胜食也;斧斤以时入山林,材木不可胜用也。谷与鱼鳖不可胜食,材木不可胜用,是使民养生丧死无憾也。养生丧死无憾,王道之始也。
>
> 王欲行之,则盍反其本矣:五亩之宅,树之以桑,五十者可以衣帛矣。鸡豚狗彘之畜,无失其时,七十者可以食肉矣。百亩之田,勿夺其时,八口之家可以无饥矣。谨庠序之教,申之以孝悌之义,颁白者不负戴于道路矣。老者衣帛食肉,黎民不饥不寒,然而不王者,未之有也。

上述两段文字将"爱物""养物"的生态消费伦理思想、将"万物皆备于我"的"天人合一"的人与自然的关系和政治意义上的作为"王道"的人与社会或家国天下的诉求和谐地统一在了一起,俨然就是一幅"天下大同"的"理想国"的画卷。而这一"理想国"的实现,则主要依靠统治者与百姓的良好关系,而且在这一关系中,统治者起着主要的和主导的作用。换言之,统治者要想实现长久的统治,就必须处理好与百姓的关系,也就是要做到孟子所要求的"与民同乐"。

孟子在《孟子·梁惠王下》的一开篇便以"文王之治""泽梁无禁"为例,对齐宣王讲"今王与百姓同乐,则王矣"的治国之道,反对齐宣王在齐国首都郊外的一个狩猎场实施"杀其麋鹿者如杀人之罪"的禁令。不可否认,孟子主张齐宣王要与民同乐有其积极意义，但却因其对统治者政治或行政伦理在性善论方面的过分强调，而在生态保护的实践中不知不觉地走向了性善论的反面。孟子不会不知道，周文王有禁止"泽梁"、保护生态的《伐崇令》，但因主张人性本善、不必行禁，故不提倡实施《伐崇令》之类的严惩政策。周文王在《伐崇令》中规定："毋坏屋，毋填井，毋伐树木，毋动六畜。有不如令者，死无赦。"固然周文王制定《伐崇令》有其特定的历史背景，而且在当时也不可能单纯地出于保护生态的目的而制定这一法令，但不容否认的历史事实是，《伐崇令》确以法律的形式在客观上起到了保护生态环境的作用。后来周文王在临终前曾嘱咐武王要加强对山林川泽的管理，保护自然资源，并把它提高到关系国家兴亡的高度。《逸周书·文传解》保存了这篇非常重要而又精彩的文献：

> 文王受命之九年，时维莫春，在鄗。召太子发曰："呜呼，我身老矣。吾语汝，我所保与我所守，传之子孙。
>
> "吾厚德而广惠，忠信而志爱：人君之行。不为骄侈，不为靡泰，不淫于美，括柱茅茨，为民爱费。
>
> "山林非时不升斤斧，以成草木之长；川泽非时不入网罟，以成鱼鳖之长；不卵不蹼，以成鸟兽之长。畋猎唯时，不杀童羊，不夭胎，童牛不服，童马不驰。不骛泽，不行害，土不失其宜，万物不失其性，天下不失其时。
>
> "土可犯，材可蓄。润湿不谷，树之竹、苇、莞、蒲；砾石不可谷，树之葛、木，以为絺绤，以为材用。故凡土地之间者，圣人裁之，并为民利。是以鱼鳖归其

渊，鸟兽归其林。孤寡辛苦，咸赖其生。

山林以遂其材，工匠以为其器；百物以平其利，商贾以通其货；工不失其务，农不失其时，是谓和德。

....

无杀夭胎，无伐不成材，无堕四时。如此者十年，有十年之积者王，有五年之积者霸，无一年之积者亡。生十杀一者物十重，生一杀十者物顿空。十重者王，顿空者亡。"①

公正地说，孟子并非没有合理地利用自然资源和保护自然资源的思想和主张，但因其对性善论执着而坚定的道德信念，使得他的生态伦理思想在现实中不可避免地产生了消极影响。这种消极影响在倡导"王制"的荀子那里得到了一定程度的克服。

---

① 张闻玉译注：《逸周书全译》，贵州人民出版社，2000年版，第91~95页。

第五章 荀子生态消费伦理思想

人们的一切消费行为都源于欲望。欲望是人们各种消费行为的原动力,所以谈消费,离不开欲望。谈及欲望对人产生的影响,先秦诸子中有很多人持否定、消极的态度,与之相比,荀子有其独到的见解。而消费又与生产密不可分,生产活动必然对自然生态产生影响,如何在生产中协调人与自然的关系,荀子提出的"圣王之制"给出了自己的回答。

第一节 消费之欲与求物之道

荀子从自然天道观出发,首先探讨了欲望产生的基础及其客观必然性。其《荀子·天论》篇说:

> 天职既立,天功既成,形具而神生,好恶、喜怒、哀乐臧焉,夫是之谓天情。

欲,也就是情。"性者,天之就也;情者,性之质也;欲者,情之应也。以所欲为可得而求之,情之所必不免也。"(《荀子·正名》)这就是说本性是天然造就的,情感是本性的内心感受,而欲望则是情感对外物刺激的反应。他认为人的欲望与生俱来,"人生而有欲",因此人对欲望的追求也属必然。好恶、喜怒、哀乐这些欲望情感是在人的物质形体存在以后自然产生的,所以他称之为"天情"。"天情","藏"于"形","生"于"形"。所以,欲望的产生既有其形而上的人性基础,亦有其客观的生理和物质基础。

一、消费之"欲"的合理性

荀子说:

> 凡人之性者,尧、舜与桀、跖,其性一也;君子之与小人,其性一也。(《荀子·性恶》)
> 凡人有所一同:饥而欲食,寒而欲暖,劳而欲息,好利而恶害,是人之所生而有也,是无待而然者也,是禹、桀之所同也。(《荀子·荣辱》)

从欲望产生的生理基础出发,荀子特别强调欲望的先天性质。其《荀子·正名》篇说:"欲不待可得,受之于天也。"欲望不待他求,是自然而然的本性。

人所"受之于天"的欲望,在荀子看来是具有丰富多样性的特点的。其《荀子·性恶》篇说:

> 今人之性,饥而欲饱,寒而欲暖,劳而欲休,此人之情性也。

人在饥饿的时候想要吃饱,在寒冷的时候想要穿暖,劳累的时候想要休息,这些既是合乎人情的本性欲望,也是人生存发展的基本需求。《荀子·王霸》篇说:

> 夫人之情,目欲綦色,耳欲綦声,口欲綦味,鼻欲綦臭,心欲綦佚。此五綦者,人情所不免也。

《荀子·劝学》篇说:

> 目好之五色,耳好之五声,口好之五味,心利之有天下。

不仅如此,荀子发现人的欲望还具有"不知足"的特点。《荀子·荣辱》篇说:

> 人之情,食欲有刍豢,衣欲有文绣,行欲有舆马,又欲夫余财蓄积之富也,然穷年累世不知足,是人之情也。

也就是说,不仅欲望是"人情所不免",而且对欲望的"不知足"亦是"人之情也"。不难看出,荀子对欲望及其不知足的特点既无否定之说,亦无贬抑之意,而基本上是持肯定和认可的态度。在荀子看来,人不仅有欲,而且常常是多欲的,人也应该有欲,因为这是符合人之常情的。如若贬斥、压抑乃至否定作为人之情性的欲望,倡导"寡欲",甚至要求人们"去欲",一味的"衣粗食恶",不满足人们合理的消费需求,最终只会导致"万物失宜,事变失应,上失天时,下失地利,中失人和"(《荀子·富国》)。

这说明荀子不仅承认欲望的存在及其合理性，而且认为欲望的存在有利于社会的发展。因此，荀子对宋子的"寡欲论"提出了反驳和批评。

> 子宋子曰："人之情，欲寡，而皆以己之情为欲多，是过也。"故率其群徒，辨其谈说，明其譬称，将使人知情之欲寡也。应之曰：然则亦以人之情为目不欲綦色，耳不欲綦声，口不欲綦味，鼻不欲綦臭，形不欲綦佚。此五綦者，亦以人之情为不欲乎？曰："人之情欲是已。"曰：若是，则说必不行矣。以人之情为欲此五綦者而不欲多，譬之是犹以人之情为欲富贵而不欲货也，好美而恶西施也。（《荀子·正论》）

宋子坚信人的本性是寡欲的而非多欲的，因此率其群徒为其学说辩护，并宣扬自己的寡欲论，希望人们接受这一理论主张。但荀子很不以为然，以耳目口鼻形等人的感官的本性欲望相诘问，得到的回答是：这五个方面正是人的本性所欲求的。荀子进一步反驳道：如果是这样，那么宋子的学说就自相矛盾，无法自圆其说了，因为既然人的本性想要这五种极大的享受（"欲多"）但却不想多要（"欲寡"），这就犹如说人的本性希望富贵却不要财物，喜欢美色却讨厌西施一样，这显然是一个悖论。因此，宋子的学说不足道也。

人之欲多而不欲寡，其性一也，古今一也。所以荀子又说：

> 古之人为之不然。以人为情为欲多而不欲寡，故赏以富厚而罚以杀损也，是百王之所同也。故上贤禄天下，

次贤禄一国，下贤禄田邑，愿悫之民完衣食。今子宋子以是之情为欲寡而不欲多也，然则先王以人之所不欲者赏而以人之所欲者罚邪？乱莫大焉。今子宋子严然而好说，聚人徒，立师说，成文典，然而说不免于以至治为至乱也，岂不过甚矣哉！（《荀子·正论》）

意思是说，上古的人不是这样做的。认为人的本性是多欲而不是寡欲，所以有功就赏赐财富，有过就减少赏赐，这在历代帝王都是一样的。所以最贤能的人受封为三公，次一等的人被封为诸侯，再次一等的人被封为士大夫，老实本分的人则其保持基本的衣食生活。现在宋子认为人之本性为寡欲而不多欲，这样说，那么先王是用不想要的东西赏赐人，而用人想要的东西惩罚人吗？没有比这更混乱的了。今天宋子庄重立说，沾沾自喜，聚集弟子，自居师位，著书写文，然而这样的学说最终不免陷于把极好的说成是极坏的，这不是错得太厉害了吗？[①]

既然欲望是人的天性所固有，并且人的多欲又是无论古今概莫能外的，那么对欲望应持一种怎样的态度才算得上是理性或近乎理性的呢？应如何满足人天然的，同时又是不可剥夺的欲望呢？荀子说：

> 故虽为守门，欲不可去，性之具也。虽为天子，欲不可尽。欲虽不可尽，可以近尽也；欲虽不可去，求可节也。所欲虽不可尽，求者犹近尽；欲虽不可去，所求不得，虑者欲节求也。道者，进则近尽，退则节求，天

[①]《荀子》，安小兰译注，中华书局，2007年版，第155~156页。

下莫之若也。（《荀子·正名》）

上至天子，下至如守门之人的普通百姓，人人皆有所欲。人的欲望常常是无限的，而满足欲望的物质条件却是有限的。这一对矛盾如何解决呢？荀子在这一问题上表现出现实理性的思想路线，指出若不能完全满足，就知足常乐，无需跟自己过不去。事实上，人不可能有完全满足的时候，因此，对欲望的节制就成为必然的选择。荀子称此种人为"虑者"，即经过深思熟虑节制自己欲望的人。可见，荀子虽然并不否定人的欲望，甚至鼓励人们去追求和满足欲望，但他并没有因此走向非理性的消费主义，而是提醒人们以"道"行事，免得坠入欲望的深渊不能自拔。

然而，并不是任何人都能认识到这一点。比如有些人就将国家的治乱与人的欲望联系在一起来理解，这在荀子看来显然找错了方向。

> 凡语治而待去欲者，无以道欲而困于有欲者也。凡语治而待寡欲者，无以节欲而困于多欲者也。有欲无欲，异类也，性之具也，非治乱也。欲之多寡，异类也，情之数也，非治乱也。欲不待可得，而求者从所可。欲不待可得，所受乎天也；求者从所可，所受乎心也。所受乎天之一欲，制于所受乎心之多，固难类所受乎天也。人之所欲，生甚矣，人之所恶，死甚矣，然而人有从生成死者，非不欲生而欲死也，不可以生而可以死也。故欲过之而动不及，心止之也。心之所可中理，则欲虽多，奚伤于治！欲不及而动过之，心使之也。心之所可失理，则欲虽寡，奚止于乱！故治乱在于心之所可，亡于情之

所欲。不求之其所在，而求之其所亡，虽曰我得之，失之矣。（《荀子·正名》）

可见，在荀子看来，国家治乱与人的欲望之间并不存在必然的联系，至少没有直接的关联。那种企图从欲望出发为国家治乱寻找根据的做法无疑是徒劳的。当然，我们也不可完全否定人的欲望会对国家的治理产生一些影响，但这种影响相对于其他更关键的因素而言显然是微不足道的。这一更关键的因素可以通过影响欲望的发展方向进而产生对国家治乱的影响。荀子认为"心"便是这一更为关键的因素。心对欲望的作用表现在它可以节制欲望，即"节欲"。但"节欲"在荀子那里并不意味着因"欲恶同物，欲多而物寡，寡必争矣"（《荀子·富国》），就转而"欲寡"以相应于"物寡"，"节欲"和"寡欲"并非一回事，荀子是反对寡欲的。如此，以"节欲"之心求物从而满足人之情性的欲望，使欲与物之间达成一种协调的关系，这实际上也就使欲与物的关系转化成了心与物的关系。

二、以心"御欲"的必要性

心与物，即内心与外物。内求于心，外接于物。欲既与心相关，又与物相连，因此欲既可能在心的引导和制约下达到与物的平衡，也可能在物的引诱和迷惑之下失去本心。对于二者的关系，荀子有着深入的观察，他在《荀子·正名》篇中说：

有尝试深观其隐而难察者，志轻理而不重物者，无之有也；外重物而不内忧者，无之有也；行离理而不外危者，无之有也；外危而不内恐者，无之有也。心忧恐则口衔刍豢而不知其味，耳听钟鼓而不知其声，目视黼黻而不知其状，轻煖平簟而体不知其安。故向万物之美而盛忧，兼万物之利而盛害。如此者，其求物也，养生也？粥寿也？故欲养其欲而纵其情，欲养其性而危其形，欲养其乐而攻其心。欲养其名而乱其行。如此者，虽封侯称君，其与夫盗无以异；乘轩戴冕，其与无足无以异。夫是之谓以己为物役矣。

为物所役，实质上是为欲所役，欲不再受心的引导和约束，或者在对物和心二者的权衡和选择上，欲的天平倾向了物，这样，心便被物欲所辖制。而对一个人来说，心是维系人之为人的灵魂，因此，人在为物所役的同时，亦失去了作为人之支柱的灵魂。所以，人不可为"求物"而"害心"，而应正确看待和处理心与物的关系，这一关系不应是"己为物役"，而应是"重己役物"。

心平愉，则色不及佣而可以养目，声不及佣而可以养耳，蔬食菜羹而可以养口，粗布之衣、粗紃之履而可以养体，局室、芦帘、藁蓐、尚机筵而可以养形。故无万物之美而可以养乐，无势列之位而可以养名。如是而加天下焉，其为天下多，其私乐少矣，夫是之谓重己役物。（《荀子·正名》）

不难看出，耳目口体之欲的满足与心的状态有着密切关系，从而影响到人对物的态度及人与物的关系。若"心平愉"，则必以心节欲，物就可以为人养目、养耳、养口、养体、养形所用，即"以己役物"。同时，"心平愉"本身就是"重己"的表现，而"重己"

又必然"役物",而不可能"己为物役"。可见,对于人而言,真正的满足是心的满足,因为心是人的主宰,只有内心得到满足,人才能真正成为自己的主人,而不致成为外物的奴仆,为物所役。

重己役物,从消费的角度来说,可以表述为"节欲"的消费理念,它在一定程度上能够为解决"欲多"和"物寡"之间的矛盾提供思想基础。既然欲望是把双刃剑,那么解决这个难题就要"节欲"。"欲虽不可去,求可节也",欲望虽然与生俱来不可能去掉,但满足欲望的需求却是人可以通过主观意志节制的。可以通过节制欲望,使之不致失控,以便获得更好、更持久的满足。这实际上可被视为荀子提出的"节用御欲,收敛蓄藏以继之也"(《荀子·荣辱》)的适度消费观的另一种表述。

当然,荀子没有止步于此,而是进一步阐述了纵欲的危害。"然则从人之欲则埶不能容,物不能赡也",如果一味放纵人们的欲望,从权势上说不能容许,从物质上也无法满足,因为欲望要通过生产活动来满足,而生产以自然资源为前提,自然资源在一定时期和一定范围内又是有限的。这样,因为需求无限而生产能力乃至资源有限,那么"欲多而物寡,寡则必争矣",纵欲就会诱发供求失衡,而最终必然导致纷争的出现,损害人类社会的发展。

在"御欲"的欲望观基础上,荀子明确提出"节用"的思想,即节约消费,通过国家规定,适当限制整个社会的消费活动,强调"强本而节用,则天不能贫……本荒而用侈,则天不能使之富"(《荀子·天论》)。这种节用,包括"上节"与"下节","上以法取焉,而下以礼节用之"(《荀子·富国》)。封建社会统治者依照法律向民众收取财富,民众依照礼制规定,俭省节约。尤其是统治阶级,其用度取之于民,"上节"不但要求统治阶级节约消费,"天子诸侯无靡费之用",不能"以无度取于民","聚敛计数",

挥霍无度，还应该减轻百姓的赋税、徭役负担，使剩余产品能比较多地留在民间，即"裕民"，这样老百姓才有兴趣、有能力将一部分剩余用来改进和发展再生产，从而增加社会财富。这种通过"节用"为再生产提供积累、把消费与再生产联系起来考虑的节用消费观念，不仅高于先秦其他思想家，而且在整个封建社会时期都是罕见的。除此而外，荀子还提出节用的另一个作用，即"节用裕民而善臧其余"，意思是贮藏多余的粮食财物，以备不时之需。如他所言："节用御欲，收敛蓄藏以继之也，是于己长虑顾后，几不甚善矣哉！"凡此种种，表明只有适度消费，才能使生产与消费相持而长，从而有利于经济发展、社会稳定。而荀子所说的"法""礼"，既对人们的消费行为产生约束，又能在协调欲和物的关系的同时满足人们的欲望。

> 礼起于何也？曰：人生而有欲，欲不可得，则不能无求；求而无度量分界，则不能不争；争则乱，乱则穷。先王恶其乱也，故制礼义以分之，以养人之欲，给人之求，使欲必不穷于物，物必不屈于欲，两者相持而长，是礼之所起也。（《荀子·礼论》）

根据荀子的分析，礼起源于人生而即有的欲望，由欲不可得而产生争夺以致混乱。昔者圣王憎恨这种混乱，所以制定礼义以规定人们的等级，规范人们的行为，以调节人们的欲望，满足人们的需求，使人们的欲望一定不会因为物质的不足而得不到满足，使物质的供应也一定不会因为欲望之无穷而耗尽，从而使欲与物之间相互制约并长久地保持协调，这就是礼的源起。这样的理解和阐释具有一定的合理性。

故礼者，养也。刍豢稻粱，五味调香，所以养口也；椒兰芬苾，所以养鼻也；雕琢、刻镂、黼黻、文章，所以养目也；钟鼓、管磬、琴瑟、竽笙，所以养耳也；疏房、檖䫉、越席、床笫、几筵，所以养体也。故礼者，养也。（《荀子·礼论》）

礼是为满足人的欲望而由圣王制定出来的，这些欲望的满足包括养口、养鼻、养目、养耳、养体。但礼对人的欲望的满足一定是有限度的，那就是首先满足人的生存的基本需要，然后再满足更高层次的合理的需求。但需提醒的是，荀子的所谓礼是有阶级性的，处于不同阶级地位的人在这几方面的标准和满足程度毫无疑问会存在明显差异，这一点是由历史局限性所决定的，当然也是应当引起人们注意的。但无论如何，荀子对人之欲望的肯定，对欲望的自内"节用御欲"和从外"以礼养欲"的消费伦理思想，具有某种超越时空的普遍价值，对消费主义甚嚣尘上的今天来说，仍不啻为一笔值得借鉴和不可多得的精神资源。

第二节　圣王之制与自然资源保护

由于荀子的政治思想是以"隆礼"为特点的，他用圣人制定的具有权威性的"礼"调节欲和物之间的矛盾，一方面"使欲必不穷于物"，另一方面又"使物必不屈于欲"。礼就是为解决"欲"和"物"的矛盾，即人类的物质生活需要与社会物质财富生产的矛盾而产生的。

一、隆礼而不轻法

重视礼,这是儒家的特征和传统。孔子"贵仁",主张德礼为治;孟子主张仁义,强调仁政;荀子隆礼,主张礼治。隆礼是荀子思想的核心,礼治是荀子政治学说的首要特征,这一特征贯穿和表现于荀子思想的方方面面,包括其生态伦理思想。

在荀子看来,礼是治国的根本,为政的前提。他认为"国之命在礼"(《荀子·天论》),礼是国家命运所系。"礼者,治辨之极也,强国之本也,威行之道也,功名之总也。王公由之,所以得天下也;不由之,所以陨社稷也。"(《荀子·议兵》)礼是治理国家的最高准则,是使国家强盛坚固的根本,是威力盛行于天下的途径,是建立功名的总纲。天子诸侯遵循礼,就能夺得天下;反之,就会毁坏国家。可以说,无礼则无天下,不由礼则不足以治国安邦。"隆礼贵义者其国治,简礼贱义者其国乱。"(《荀子·议兵》)国之治乱全系于君主是"隆礼贵义"还是"简礼贱义"的选择。这是因为"国无礼则不正。礼之所以正国也,譬之犹衡之于轻重也,犹绳墨之于曲直也,犹规矩之于方圆也,既错之而人莫之能诬也"(《荀子·王霸》)。犹如秤是衡量轻重的标准、绳墨是画直线的标准、规矩是画方圆的标准一样,礼是正国的标准。所以,离开了礼这一标准,国将"不正",政治将无法推行,"为政不以礼,政不行矣"(《荀子·大略》)。礼既可作为国之"正"与"不正"的标准,作为社会制度,又可作为行为规范。

荀子既"隆礼"又"重法",因此在他看来,礼在某种程度上也可说是法。他往往是将礼法并提的,说"治之经,礼与刑"(《荀子·成相》),"隆礼至法,则国有常"(《荀子·君道》)。因此他提出"礼法"的范畴:"故学也者,礼法也"(《荀子·修身》),

"礼法之大分也"，"礼法之枢要也"（《荀子·王霸》）。荀子所说的法虽然有不同的含义，但其基本的含义是指一定的制度，如《荀子·王制》篇中"王者之法，等赋，政事，财万物，所以养万民也。田野什一，关市几而不征，山林泽梁，以时禁发而税"等所表述的。关于法与礼二者的关系，荀子认为，法是以礼为根据的。也就是说，礼是大于和高于法的，是支配一切的基本原则，是法的纲领和准则。《荀子·劝学》篇说："礼者，法之大分，类之纲纪也。"这是说，礼是法的纲领或指导原则。《荀子·修身》篇说："故非礼，是无法也。"礼是法的纲领，违反了礼，也就是违反了法。《荀子·性恶》篇说："礼义生而制法度。"法度是根据礼义而制定出来的。这些阐述都充分地反映出礼与法之间的先后次序和决定与被决定的关系，无礼则法无所出。

然而，在荀子那里，无论是"礼"，还是"法"，抑或"制"，都不过是"朝廷之礼""王者之法""圣王之制"。他提出了"有治人，无治法"（《荀子·君道》）的观点，认为治理好国家的关键是人而不是法，必须有好的统治者才能治理好国家。强调人对于法的优先地位，实际上是在说礼先于法。他虽然也承认"法者，治之端也"，但在他眼里，法毕竟是作为统治者的"人"所制定的。所以他又指出："君子者，法之原也"，"君子者，治之原也"（《荀子·君道》）。既然"人"与"法"是源与流的关系，犹如"礼"与"法"的关系那样，因此，他所倾向的重点自然是"圣王之制"中的"圣王"，而非"制"。当然，由于荀子未能将"法"的精神贯彻到底，从而使得其思想仍然没有摆脱先秦儒家"人治"传统的窠臼，但在当时的历史环境下，荀子能够引法入礼，隆礼而不轻法，确是给儒家传统的礼治观、德治观带来了一股清新的空气，注入了崭新的时代内容。

二、"圣王"生态"之制"

我们既不能无视荀子思想中存在的不足之处,又不能求全责备,苛求于古人。同时,我们也应理性地看到,荀子的某些思想对于今天仍然具有较强的理论学术价值和现实借鉴意义,比如其圣王之制中关于自然资源保护的深刻阐释。

> 圣王之制也,草木荣华滋硕之时则斧斤不入山林,不夭其生,不绝其长也;鼋鼍、鱼鳖、鳅鳝孕别之时,罔罟、毒药不入泽,不夭其生,不绝其长也;春耕、夏耘、秋收、冬藏四者不失时,故五谷不绝而百姓有余食也;洿池、渊沼、川泽谨其时禁,故鱼鳖优多而百姓有余用也;斩伐养长不失其时,故山林不童而百姓有余材也。
>
> 圣王之用也,上察于天,下错于地,塞备天地之间,加施万物之上,微而明,短而长,狭而广,神明博大以至约。故曰:一与一,是为人者,谓之圣人。(《荀子·王制》)

当我们不再拘泥于荀子这段关于圣王之制的著名论述中"人治"的思想,而更多关注其关于保护自然资源的制度政策的设计安排时,就会惊喜地发现其思想中的诸多可贵之处。荀子注重"时禁",即由国家制定政策、措施来保护自然资源。对于林业资源,禁止在"草木荣华滋硕"的发育成长期乱砍滥伐,只有在保护的基础上采伐利用,才可保证林业资源不会枯竭;对渔业资源,也要仔细规定禁捞期,避开各种鱼类的繁殖期,待其发育成熟后再去捕捞,而非竭泽而渔;至于农业生产,必须春天耕种、夏天锄草、秋天收获、冬天储藏，这四件事都不错过时机，五谷才能不断生长，老百姓才有多余的粮食。之所以实行"时禁"，是因为"故养长时则六畜育，杀生时则草木殖"（《荀子·王制》），即饲养适时，六畜就生育兴旺；砍伐种植适时，草木就繁殖茂盛，保证动植物顺应自然规律，才能达到永续利用的目的。这实际上是继强调人是自然的一部分后，顺理成章地把人类的经济系统看作是整个自然生态系统的一部分，将经济看作环境的组成部分，而不是相反。

为了更有效地保护自然资源，做到"取物不尽"，实现可持续发展，荀子认为国家应该设置有关的官员，并明确他们的职责。故荀子又说：

> 相高下，视肥墝，序五种，省农功，谨蓄藏，以时顺修，使农夫朴力而寡能，治田之事也。修火宪，养山林，薮泽草木鱼鳖百索，以时禁发，使国家足用而财物不屈，虞师之事也。（《荀子·王制》）

治田即司田，管理农业的官员；虞师即山虞和泽虞，管理山林川泽的官员。"川渊深而鱼鳖归之，山林茂而禽兽归之。"（《荀子·致士》）用现代语言来说，就是：环境保护好了，生态就能平衡，生态平衡了，自然资源也就丰富了。用周文王的话说："生十杀一者物十重，生一杀十者物顿空。十重者王，顿空者亡。"（《逸周书·文传解》）如果用十倍的力量去保护自然资源，而只索取其中的一份，那么大自然在实际上会给予十倍的报答；如果仅用一份力量去保护自然资源，而向大自然索取十倍，那么自然资源马上匮乏，就会导致国家的败亡。自然生态具有自身的运行和发展规律，如果违反了自然规律，无节制地开发利用自然，一味索取，就会超过自然所能承受的限度，自然本身的生产力就会受到破坏，生态系统就会失衡，其结果必然是持续生存的需要无法得到满足，更谈不上发展了。用恩格斯的话来说，就是大自然对人类的"报复"，当然这不是大自然的"有意为之"，而是人类施加于大自然身上的作用力最终会通过各种途径和方式反作用于人类自身，这种反作用实际上是对人类之于大自然各种实践活动限度的"善意"提醒。通过各种方式的提醒，无论是正面的还是负面的，积极的还是消极的，"温柔的"还是"粗暴的"，都会促使人类反思并不断调整自己的生态行为，善待自然，与自然和谐相处，从而实现人与自然的"双赢"，即"生十杀一者物十重"，"十重者王"。

荀子的圣王之制所倡导的自然资源保护的理念、纲领和具体举措不仅具有极高的实践价值，而且具有重要的理论价值。其一，荀子表达了一种生态意义上的可持续发展观。他认为，人们应当适时适度地开发和利用自然资源，在"草木荣华滋硕之时"不得砍伐，在"鼋、鼍、鱼、鳖、鳅、鳝孕别之时"禁止捕捉，"不夭其生，不绝其长"，保证自然资源的延续，维护自然界的生态平衡。其二，荀子的这段话还包含了"五谷不绝，而百姓有余食""鱼鳖优多，而百姓有余用""山林不童，而百姓有余材"的人类社会的可持续发展观点，并指出自然资源的可持续发展是人类社会可持续发展的前提和基础。"五谷不绝""鱼鳖优多""山林不童"是人类社会生生不息的物质源泉，而人类社会的"生"只有与自然生态的"生"之间良性互动才能实现生生不息，实现可持续发展。人类社会的可持续发展显然也必然以自然资源的可持续开发和利用为前提和基础。

荀子一方面论述了保护生态环境和自然资源、实现可持续发展的重大意义,另一方面明确提出反对人为破坏自然资源,他指出:"物之已至者,人祆可畏也:楛耕伤稼,耘耨失岁,政险失民,田薉稼恶,籴贵民饥,道路有死人,夫是之谓人祆……"(《荀子·天论》)在荀子看来,伤害庄稼、农业歉收、田地荒芜、百姓饥饿等,都与人类破坏自然资源有直接关系。因此他进一步指出,保护自然资源是每个人应尽的职责。"高者不旱,下者不水,寒暑和节,而五谷以时孰,是天下事也。"(《荀子·富国》)要使高地不遭受旱灾,低地不受水害,寒来暑往合乎节气,五谷按时节成熟,需要天下人的共同努力。只有这样,世界才会呈现出《荀子·礼论》中所描述的"天地以合,日月以明;四时以序,星辰以行;江河以流,万物以昌"的美好景象。这就要求天下人既要遵循自然万物的运行规律,又要充分发挥人的主观能动作用,从而达到天人相参的和谐之境。

第六章　先秦儒家生态消费伦理思想的当代价值

先秦儒家伦理思想中所蕴含的丰富的生态因子和消费理念，对于当代消费主义和环境问题的应对和解决，具有重要的借鉴价值和实践意义。孔子"仁爱"的生态情怀，孟子的生态"王道"，荀子的生态"王制"，对于当代生态教育、生态政治及生态法律的建构、推进和发展，都是重要的伦理资源，值得深入挖掘、取其精华、辩证扬弃、古为今用、充分发挥和大力弘扬。

第一节　孔子"仁""道"生态消费伦理思想的当代价值

"仁"是孔子伦理思想体系的核心概念，无论关于人、事，还是涉及天、自然，孔子的"仁"都系于其内，贯乎其中。孔子以"人"为主要关注对象，以恢复周礼为其终身志向与使命，认为当时天下尽失"道"，甚至无"道"。因此，他严格自律，一生竭力遵"道"而行并倡导之,以至"七十而从心所欲不逾矩"(《论语·为政》)的至高境界。在孔子的"仁""道"之中,人与自然从未截然分开,而是始终融合在一起,其中包含着丰富的生态和谐与生活消费的伦理智慧。

一、孔子"仁""道"的生态消费伦理旨趣

孔子敬畏天命,但却并非敬而远之,而是能够因敬畏而生发出对"天"、对自然的亲近和热爱之情,并付诸真挚的情感和现实的行动之中,自觉地与大自然融为一体,体味大自然化生万物、生生不息的无穷魅力,培养起一种"乐山乐水""知者仁者"的生态伦理情怀。

> 子曰:知者乐水,仁者乐山。知者动,仁者静。知者乐,仁者寿。(《论语·雍也》)

山水均属自然存在物,水动山静,本是其各自客观的自然属性。但孔子在这里却将客观自在之物的某些性质与人的某些内在品质和道德修养相比附,知者因动而乐水,仁者因静而乐山,这就不仅使山水具有了人格化、气质化、伦理化的特征,而且使人的某些道德品质在大自然中找到了相应的比照对象。这种移情于物、赋德于天的表达方式是儒家创始人孔子伦理情感自然而然的流露,正是这种表达方式真实地反映出在孔子的精神世界中"天人合一"、人与自然水乳交融的密不可分的伦理关系,似乎离开自然之物,孔子伦理情怀的诉求和道德情感的表达就失去了依托。

孔子"乐山乐水"的生态伦理情怀也体现在孔子"吾与点也"的话语中:

"点！尔何如？"鼓瑟希，铿尔，舍瑟而作，对曰："异乎三子者之撰。"子曰："何伤乎？亦各言其志也。"曰："莫春者，春服既成，冠者五六人，童子六七人，浴乎沂，风乎舞雩，咏而归。"孔子喟然叹曰："吾与点也！"（《论语·先进》）

这段著名的对话向我们展现的是一幅洋溢着春风、春日、春水、春服的春游画面。通过孔子对曾晳点所"言其志"的肯定和赞赏，折射出孔子自身之志，即人在与自然的和谐关系中对自然的欣赏和如痴如醉的享受。这一画面表现的不仅是自然的风光之美，更是人与自然的和谐之美。这种美也许是除曾晳之外的孔子的其他几个在场弟子所无法理解和体悟的，这实际上亦是一种境界之美。这种境界超乎世俗的纷扰，使人能够全身心地投入到大自然的宽阔胸怀之中。而只有拥有大自然般如此宽阔胸怀的人才可能达到如此超越的境界，从而享受到大自然所馈赠的如此丰美的"天之礼物"，如此丰实的精神盛宴。因此可以肯定地说，在儒家创始人那里，并不存在后世腐儒那种"白发死章句""神情都不关山水"的情形。恰恰相反，孔子对山川草木有着天然的、不加矫饰的亲近和喜爱之情。孔子在把自然拉进人们的伦理生活的同时，亦将属人的伦理之光照进无限广阔的大自然，从而使得人与自然你中有我，我中有你，用马克思主义经典话语来说，就是人的自然化和自然的人化。如此一来，自然就绝不是也绝不可能是那个抽象的自在的和先在的自然，而是必然受到人的思想和行动影响的自然。同样，人也不可能超脱于自然之外，成为特立独行、无所顾忌的"怪物"。将人与自然各自孤立，乃至截然对立，甚至将自然看做毫无生机的机器，只是供人类随心所欲开采利用的资源的理论主张和实践活动，必然导致二者关系的日益紧张。事实上，大自然是一个充满活力和勃勃生机的生态系统，并且具有某种审美价值和道德意蕴。这一点在孔子那里可以看得很清楚。

当代人类社会所面临的危机，主要表现为人与自然关系的日益紧张对立的生态危机，和人与自身关系不断撕裂的精神危机。这两种危机的产生，皆与消费主义有着千丝万缕的关联。因此，解决这两大对人的生存境遇具有重大影响的危机的重要途径，便是首先摒弃消费主义的思维方式和行为习惯，唯此方可逐步改善人与自然及人与自身之间的不健康关系，使人与自然不断趋向和谐，使人与自身也不断得到精神的和解。可见，人与自然的和谐，对精神的孜孜追求是祛消费主义之魅的良策，同时亦是其伦理目标，而此二者亦是生态消费的题中应有之义和不可或缺的必要条件。不难发现，孔子"乐山乐水"的情怀中是包含着生态消费的这种伦理旨趣的。

要实现"乐山乐水"的生态消费伦理旨趣，孔子认为至少需要从以下两方面竭力追求：

第一，提高欣赏自然的审美能力，具备则天法地的伦理精神。

欣赏自然的审美能力可以通过学习相关知识得到提升。孔子鼓励学生，包括其子学《诗》，因为《诗》中除了"事父""事君"的主要教导外，还对大自然中的鸟兽草木等事物有大量的记载和描述，向人们展现了一幅幅生态和谐的美好画卷。通过学《诗》，亲近自然、珍爱自然的伦理情感油然而生。再加上孔子自身又有着对山、对水、对大自然一草一木、一鸟一兽的天然乐趣和由衷热爱，因此就不难理解他为何如此反复强调学《诗》了。

> 子曰："小子何莫学夫诗？诗，可以兴，可以观，

可以群,可以怨。迩之事父,远之事君;多识于鸟兽草木之名。"(《论语·阳货》)

子曰:"兴于诗,立于礼,成于乐。"(《论语·泰伯》)

孔子认为学《诗》可以促发人的想象力,丰富人的观察力,可以多认识一些鸟兽草木的名称。而学《乐》可以提高人的道德修养和境界水平,使人成其为人,所以皆有益于"乐山乐水"的生态伦理情怀的培养。孔子曾大声疾呼:"礼云礼云,玉帛云乎哉!乐云乐云,钟鼓云乎哉!"(《论语·阳货》)教育学生不要忘掉形式(玉帛、钟鼓)所蕴含的伦理道德意义。无论是《诗》,还是《乐》,都是源于生活,又高于生活,并融入、贯注于人们的生活之中的,并非全然脱离生活的纯粹形式、空洞说教和自娱自乐。生活伦理化和伦理生活化通过对学习《诗》《乐》的强调和重视,在孔子这里已有清楚的表现,而生活——当然包括消费——又总是在大自然中展开的,因此对自然的伦理态度就构成了生活的不可或缺的一部分,并因此使得人与自然的关系成为人们伦理生活的重要内容。

《论语》记述孔子"钓而不纲,弋不射宿"(《论语·述而》),这是孔子"仁"及鸟兽的生动而具体的表现,更是他则天法地伦理精神的彰显。自然万物皆有自身孕育、生长和发展的规律,由于科学技术的时代局限,很多规律暂时还未被发现和揭示出来,但并不能因此否定这些规律的存在和作用的发挥。孔子对此是怀有一颗敬畏之心的。

子曰:天何言哉?四时行焉,百物生焉,天何言哉?

（《论语·阳货》）

天虽不言，地虽无声，天地的法则却无处不在、无时不有地发挥作用。若天无则，地无法，则何以"四时行焉，百物生焉"？"四时行焉，百物生焉"是天则地法存在的再有力不过的证明，因此，孔子认为应敬天畏命，则天法地，遵循天地法则，顺应自然规律，唯此方能维持生态和谐，实现人与自然的协调发展，从而使大自然的健康与丰盛能够持续不断、绵延不绝地福泽人类。

第二，追求"忧道谋道，乐所当乐"的精神享受。

孔子并不是一个不讲求物质的人，相反，他是很注重养生的。

> 食不厌精，脍不厌细。食饐而餲，鱼馁而肉败，不食。色恶，不食。臭恶，不食。失饪，不食。不时，不食。割不正，不食。不得其酱，不食。肉虽多，不使胜食气。唯酒无量，不及乱。沽酒市脯不食。不撤姜食，不多食。（《论语·乡党》）

不难看出，孔子对饮食消费是极为讲究的。这表明他对自己生命的珍爱，之所以如此，是因为他认为"天生德于予"，自己身上肩负着恢复周礼的历史使命。孔子一生推崇周公所制定的礼乐制度，并带领众弟子周游列国，试图说服当政者采纳他的"道"。因此，相对于"食"，孔子更看重也更在意的是"道"。

> 子曰："君子谋道不谋食。耕也，馁在其中矣；学也，禄在其中矣。君子忧道不忧贫。"（《论语·卫灵公》）
> 子曰："朝闻道，夕死可矣。"（《论语·里仁》）

君子所当忧和所应谋的是"道",而非"食"和"贫"。因为相对于前者而言,后者显然处于次要的地位。"朝闻道,夕死可矣",充分反映出在孔子的精神世界中,"道"处于灵魂与核心的地位。如果没有或失去"道",在孔子看来,一个人的生命必将或已经枯萎,毫无生机,虽生犹死。相反,如果一旦拥有了"道",哪怕是"朝闻道",一个人的生命才真正拥有了价值,充满了意义,甚至"夕死可矣",虽死犹生。可见,在孔子眼中,"道"与生命是合而为一的,有道则生,无道则死。

孔子将"忧道谋道"作为自己的精神追求,这和他所称许的弟子颜回的"乐所当乐"是一致的。

> 子曰:"贤哉,回也!一箪食,一瓢饮,在陋巷,人不堪其忧,回也不改其乐。贤哉,回也!"(《论语·雍也》)

孔子之所以不厌其烦地赞誉"贤哉,回也",是因为在一般人看来,"不堪其忧"的"一箪食,一瓢饮,在陋巷",颜回却能够"不改其乐"。而颜回津津所乐的不外乎就是孔子所忧所谋之"道",因为也只有"道"才可能使"回也不改其乐",这乐是一般人所无法理解和体味的,这是一种高层次的精神享受。有了这种精神追求,即使物质生活条件再怎么艰苦也都算不得什么了。

二、生态教育中的美与善

孔子"乐山乐水"的生态情怀和"忧道不忧贫""谋道不谋食"的精神追求,在当代均具有生态教育的借鉴意义。生态教育一般而言包含生态审美教育和生态道德教育两个方面,而这两个方面通常又都是紧密联系在一起的,因为"对美感兴趣的倾向(尤其是自然美)暗示了'良善的灵魂'和'有利于道德感受的心意协调'。如此,就促进'道德观念的发展和道德感受的教化'而言,体验美被视作是道德的'预备教育'或准备阶段"①。确实,这个世界从来就不缺少美,而是缺少对美的发现。对美的发现则来源于一双善于发现美的眼睛,而眼睛又是心灵的窗户。能够发现美的心灵往往又与"良善的灵魂"和"有利于道德感受的心意协调"息息相通,因为无论美或善,都是从一颗心所发出的。因此,从"良善的灵魂"看出去,世界处处充满美,大自然处处都是美、都有美也就不足为奇了。

自然的存在是客观的,自然的美则是因内在的心灵和外在的自然相感相合所产生的效应。换言之,只有当一个人的心灵具有对美感兴趣的倾向时,才可能赋予自然以美感。在人类生活所追求的真、善、美三者之间,美往往起到连接真和善的桥梁和纽带的作用,这一点在对自然的审美中犹能得到充分体现。"……其意为,在某种深沉的层面上,审美敏悟力和道德敏悟力带领我们运用知觉去触及的诸多品质其实是同一种东西:既显露着物理法则又显露着道德法则的宇宙的恰当秩序。"②人类对自然的探索、认知、理解和体味,需要通过不同的视角、方法、途径和敏悟力得以进行和实现。物理法则所显露的是自然之真,道德法则所显露的是自然之善,而审美敏悟力则架起了自然之真通往道德之善的桥梁。虽然只是同一种东西,但却可以同时包含诸多品质。通过科学敏悟力所显露的是物理法则,是真;通过审美敏悟力所显

---

① 〔英〕舍勒肯斯:《美学与道德》,王柯平等译,四川人民出版社,2010年版,第90页。
② 〔英〕舍勒肯斯:《美学与道德》,王柯平等译,四川人民出版社,2010年版,第108页。

露的是审美法则,是美;而通过道德敏悟力所显露的则是道德法则,是善。这即是说,对于同一种自然物,比如一座山、一条河、一片森林或一群飞鸟,等等,当我们运用知觉去触及时,其所显露的是真善美合一的内容丰富的存在物。其中,通过对真善美各自领悟能力的把握和运用,美在真的基础上达致善之所欲的目的。"我们领悟美的能力象征着道德,因为它是我们借以领悟善之所欲的主要手段。"①从中可见,道德是审美的内在根据,审美则是道德的经验彰显。同时,由于领悟美的能力象征着道德,我们亦可在某种程度上将领悟美的能力看作是道德敏悟的能力。"经历审美经验和追求审美价值确实可以造就一个更有道德的人——与审美价值的际遇引领人成为高级的道德能动者。"②本来,美与善就不是毫不相干的,而是有着深层的联系,并彼此促进,相得益彰。

从对大自然的审美中可以获得道德上善的"优化升级",因此,生态教育就将生态美育和生态德育融于一身。无论是自然之美,还是道德之善,都不能仅仅被看作人对自然的"呓语",自然本身是包含着丰富审美价值和道德价值的。美国著名的环境伦理学家霍尔姆斯·罗尔斯顿指出:"真正美的是创生万物的生态系统;除非认识到这一点,否则,我们就会对大自然中那些崇高的东西视而不见,而那些只想把这些崇高的东西当作资源来'收获'的人,是注定要失败的。"③生态系统具有创生万物的强大功能,罗尔斯顿正是将这一点看作"真正美的"和"崇高的",而"真正美的"和"崇高的"事物是不容亵渎的,因此,不能仅仅将这些

---

① 〔英〕舍勒肯斯:《美学与道德》,王柯平等译,四川人民出版社,2010年版,第99页。
② 〔英〕舍勒肯斯:《美学与道德》,王柯平等译,四川人民出版社,2010年版,第113页。
③ 〔美〕霍尔姆斯·罗尔斯顿:《环境伦理学》,杨通进译,中国社会科学出版社,2000年版,第331页。

崇高的东西当作资源来"收获"。可以说，人类活动所需的一切资源都是来自大自然的，因此，将自然作为资源来看待和利用在一定意义上是无可厚非的。没有这些自然资源的支撑，人类很难持续生存和发展下去。但若将自然仅仅看作具有经济开发和利用价值的资源就失之偏颇了。除了资源价值，自然还具有审美价值和道德价值，而这所有的价值都是由于自然本身是一个创生万物的生态系统。只因自然生态系统生生不息的创生，才使得这所有的价值得以实现。而那些只想把这些崇高的东西当作资源来"收获"的人之所以注定失败，是因为这种价值观会导致对自然资源的无节制开发和无限制利用，破坏生态系统的平衡及其创生万物的能力，从而使得人与自然之间的关系越来越紧张，也使人类的生存和生活环境变得越来越糟糕。这是一种已经被证明并将继续被证明为不可持续的对待和利用自然的方式，他们所要"收获"的资源也会因生态系统的不可持续而无法得到。因此需要对持有如此狭隘价值观的人进行生态审美和生态道德的教育，在全社会倡导正确的自然价值观，使大自然中"真正美的"和"崇高的"东西受到高度重视和切实保护。

三、孔子"仁""道"生态消费伦理思想对当代生态教育的启发

当代人类所面临的诸多环境问题和生态危机固然可以通过日新月异的技术手段得到部分的解决，但终究治标不治本，因为归根结底，环境问题的实质是人的思想观念和意识形态的问题，是伦理观、价值观的问题。如果人的"头脑里"的问题未能被充分认知和对待，那么"手中"的问题以及由此造成的"身外"的人与自然的关系问题就不可能得到根本解决。人的一切行动虽都由

"手"所做，却都的的确确是由"脑"所发。有什么样的思想观念和价值指引，就会有什么样的行动以及由此带来的后果，而这后果无论是什么，人都必须接受和承受，而不可能置身事外，环境问题尤其如此。没有任何一个人可以只享受大自然的恩赐而不承受环境问题带来的困扰乃至伤害。由此可见，只有改变有问题的生态价值观，人与自然之间关系中存在的问题才有从根本上解决的希望。而生态价值观的改变和更新，毋庸置疑在一定程度上有赖于生态教育的有效开展。

关于人与自然如何相处这一问题，如果没有对大自然的敬畏之心和深刻体认，就无法作出合乎理性的回答。不错，人作用于自然的实践活动既要合规律性又要合目的性，合规律性是对自然运行规律的遵循，违反自然规律就会使人的目的无法达成。合目的性是人的主体性的体现和彰显，这里的目的也要做具体的分析，因为人的目的不可能是单一的，由于人的需要的多样性，决定了人的目的通常都是多元的。将自然看作资源来利用和开发是经济目的的体现，而除了经济目的之外，审美目的和伦理目的也是不可或缺的。有什么样的目的，就决定了自然具有什么样的价值，反之亦然。事实上，人与自然之间的关系更是一种生命互动的关系，自然绝非完全被动地接受和承受人类作用于其上的各种活动，这些活动中有建设性的，亦有破坏性的。自然本身就是生命的载体，并能产生生命和创生万物。换言之，自然就意味着生命，她就是生命。所以，当我们谈及人与自然关系的时候，实际上是在谈及生命与生命之间的关系问题，是在述说生命之间发生的故事。进而言之，所谓环境问题，就变成为人与自然之间的生命关系问题。"人们所需要的是这样一个自然，在其中，恶从属于善，自然的传承力包含着自然的阻碍力并使后者变得可以理解。不是死亡，而是生命，包括与这个地球的环境相适应的人的生命，才是大自然所展现的主要奥秘。"① 自然的奥秘是生命的奥秘，自然具有生生之大德，所有生命在其中繁衍化育，生生不息。在其中，自然叫万事都互相效力，使自然的阻碍力包含于自然的传承力之中，并使其成为自然演进的重要力量，犹如在人类社会的生活中，善将恶纳于自身并使恶成为成就善的重要因素一样。

"学习关于生命的这些教诲，使我们的行为适应这个世界，就是对自然的某种遵循。有时，我们可以'寻求自然的引导'。这种导师意义上的指引与人们从圣贤、苏格拉底或莎士比亚那里寻求的指引差不多，尽管自然不'写'也不'言'。不研究自然秩序，我们就不能进入生命的圣境；更为重要的是，不能在终极的意义上与自然秩序和谐相处，我们就不可能变得聪明起来。"② 自然既不"写"也不"言"，却像一位威严而慈爱的导师一样，无时无刻不在"行无言之教"。这就自然让我们联想起孔子那句著名的表述：

> 子曰："天何言哉？四时行焉，百物生焉，天何言哉？"（《论语·阳货》）

自然不"言"也无需"言"，她通过"四时行焉，百物生焉"来彰显自己。或者说，这正是自然的"言说"方式。幸而这种"不言之教"被孔子深刻领悟，因此，孔子便油然生发出如下感慨：

---

① 〔美〕霍尔姆斯·罗尔斯顿：《环境伦理学》，杨通进译，中国社会科学出版社，2000年版，第57页。

② 〔美〕霍尔姆斯·罗尔斯顿：《环境伦理学》，杨通进译，中国社会科学出版社，2000年版，第58页。

子在川上，曰："逝者如斯夫！不舍昼夜。"（《论语·子罕》）

孔子由河水的消逝感叹日月如梭，同时亦是在提醒自己当珍惜宝贵的生命，并对天地自然的造化之工深怀敬畏感恩之心，感恩于自然为人类所提供的如此佳美的家园，使每个人都可以凭借一颗爱美之心和良善的灵魂去体悟和享受这份弥足珍贵的"礼物"。

子曰："知者乐水，仁者乐山。"（《论语·雍也》）

孔子的这句话对于当代生态教育具有重要的启发意义：科学地认识自然、伦理地关怀自然、艺术地欣赏自然。这句话精炼地将人类所追求的真、善、美巧妙地融为一体，没有对社会、对人生深刻的体验和感悟，没有对自然发自内心的热爱，就不可能作出如此高度的概括。"一些环境学家指出，当我们与自然环境遇合并发现它真的很美的时候，我们不仅会更加关爱它，而且也因此成为道德上更加高尚的人。"[1]通过发现自然之美使我们成为道德上更加高尚的人，这正是生态教育的重要伦理目标。

生态教育可以使人们更好地认识并遵循自然（子曰："天何言哉？四时行焉，百物生焉，天何言哉？"）、敬畏生命（子在川上，曰："逝者如斯夫！不舍昼夜。"）、热爱自然，并成为道德高尚的人（子曰："知者乐水，仁者乐山。"）。生态教育除了其自身

---

[1]〔英〕舍勒肯斯：《美学与道德》，王柯平、高艳萍、魏怡译，四川人民出版社，2010年版，第108页。

所具有的特殊性外，无疑还具有教育的一般普遍性特点。而"教育的最终目的是实现人格提升和人性转变，也就是帮助人成'人（仁）'"①。"仁"是孔子伦理思想的核心概念，孔子学说因此也被称为"仁爱"之学。何为仁？

> 子曰："夫仁者，己欲立而立人，己欲达而达人。能近取譬，可谓仁之方也。"（《论语·雍也》）

孔子对"仁"的这一阐释，将"仁"与"人"紧密结合在一起。"人"在理解"仁"这一核心概念中起到至关重要的作用。简单地说，所谓"仁"即是"立人达人"，用今天的话来说，即是"成人"。成人即成仁，反之亦然。何谓成人？通过仁使人成其为人。所谓"使人成其为人"，就是使人成为完整的人、整体的人，成为他/她自己。当代人类社会生活越来越碎片化，造成这种碎片化的一个重要原因是物质越来越丰富和消费主义的推波助澜。在过去物质匮乏的年代，人们不断地做物质加法——为家里添置冰箱，买回电视机，配齐洗衣机，再买辆车……从一无所有的状态到"全副武装"的过程，确实能给人幸福的感觉。但现在，物质空前丰富。而在一个万物具备、什么都不缺的当代，占有物质很难再刺激我们的感官，让我们获得长久的满足。在新的时代，比起金钱和物质，更重要的是精神层面的充实感。从实物中获得的满足感只能持续很短的时间，但是我们宝贵的人生经历以及从中获得的丰富和充盈，将永久地入驻我们的生命。

---

① 高淮微、樊美筠：《建设性后现代生态教育：问题与路向》，《自然辩证法研究》，2015年第5期。

因此，我们应当清楚了解什么对自己来说是最为重要、最可珍视的，就如孔子所说："君子谋道不谋食"，学会追求精神享受，不仅仅把人的志向局限在对物质的追求上。刻意追求外在的物质容易使人"碎片化"，而对"道"、对内在精神追求却可以使人因外求所"破"的"镜""重圆"，成为一个"整体"的人。一个"整体"的人是将人与自然、人与他人的关系纳入人与自身关系之中的人。"美引导我们去发展与物的更深相遇，而且加深我们与他人的道德上的关联。"①一个"整体"的人才是，也必定是一个和谐的人。"生态美育的总体趋势是朝向人类与自然、人类与社会、人类与自身三重和谐关系的确立。"②生态美育对于人类"整体"如此，对于作为每一个主体的人来说，同样如此，也就是把自然、他人纳入到自我发展的统一体中，通过协调人与自然、人与他人及人与自身的关系，促使每个人成为有道德的社会公民，践行生态消费方式，致力于人的"整体"发展和社会的共同福祉。

第二节　孟子"王道"生态消费伦理思想的当代价值

生态消费的理念不仅可以通过生态教育在人们的消费活动中得以贯彻和实现，而且不论是生态问题还是消费问题，都与政治存在着千丝万缕的联系。政治的生态化或生态的政治化已成为当

---

①〔英〕舍勒肯斯：《美学与道德》，王柯平、高艳萍、魏怡译，四川人民出版社，2010年版，第108页。
②彭修银、藏红秀：《当代艺术教育的生态美育走向》，《江汉大学学报（人文科学版）》，2006年第1期。

代人类不可避免的社会潮流和发展趋势。对于处于当代境遇中的任何政府或政治家而言,想要绕开或逃避生态问题和消费问题都不免自欺欺人。消费关乎公众生活质量,生态关乎人与自然关系,政治自然亦是众人关注关心之事,因此,生态消费成为生态政治的一个现实的重要议题并不奇怪,亦不难理解。实际上,生态消费与生态政治的关系一直都是纠缠在一起的,古今皆然,只是不同时代二者的关系表现出不同的内容和特征而已。

一、孟子"王道"中的生态消费伦理意涵

"王道"是孟子政治哲学的核心。虽然在先秦时代,孟子既不可能也无必要提出生态政治的概念,因为毕竟对于当时的知识分子来说,其所关心的对象大多集中于天下治乱的大问题,生态问题在当时并不突出。但在孟子"王道"政治的哲学体系中,我们依然能够发现自然生态的基础性作用,而这一作用是通过发展农业、满足百姓消费需要的方式得以体现和发挥的。

> 不违农时,谷不可胜食也;数罟不入洿池,鱼鳖不可胜食;斧斤以时入山林,材木不可胜用也。谷与鱼鳖不可胜食,材木不可胜用,是使民养生丧死无憾也。养生丧死无憾,王道之始也。《孟子·梁惠王上》

孟子清楚地晓得,老百姓首先关心的是"养生丧死"的问题。当然这里的"养生"之"生"不仅指日常生活、生存、生命之"生",亦指生态之"生",而且这两种意义的"生"是不可分割地紧密联系在一起的。其中后者是基础,只有生态良好,至少不被破坏,前者才会有保障。所以应保护生态,遵循自然发展规律,

要"不违农时",要"斧斤以时入山林"。有了良好的生态基础,才能实现"谷与鱼鳖不可胜食,材木不可胜用",达到"使民养生丧死无憾"的目的。"不违农时"除了遵循自然规律,为"王道"奠定基础之外,其中还包含了孟子"爱物"的"不忍之心"。试想,如果违背自然规律,"数罟入洿池","斧斤不以时入山林",也许可以使百姓"养生丧死"的基本和根本民生问题得到一时一地的解决,但从长远计,则显然不可持续,因为这是杀鸡取卵、竭泽而渔式的开发利用自然。在鱼鳖尚处于产卵或生长期,山林中的野生生物还处于发长阶段时,如果为了追逐眼前利益,或为了满足暂时的,甚至是不合理的消费需求而进行捕捞、砍伐和猎取,显然有违孟子所说的"不忍之心",也即"恻隐之心"。这样的消费既违反自然规律,是非生态的,又有违人与自然的和谐,是不道德的。可见,孟子的"不忍之心"不仅主要指"不忍人之心",而且能够"推人及物",包含"不忍物之心"的对"物"的伦理关怀。孟子说:

> 君子之于物也,爱之而弗仁;于民也,仁之而弗亲。亲亲而仁民,仁民而爱物。(《孟子·尽心上》)

如孔子一样,孟子伦理关怀的序列仍然是由近及远,推己及人乃至及物的。因此,他也就将作为"恻隐之心,仁之端也"(《孟子·公孙丑上》)的"不忍之心"自然而然地由人而及物。"君子之于禽兽也,见其生,不忍见其死,闻其声,不忍食其肉。"(《孟子·梁惠王上》)实际上,孟子对"物"之爱、对"物"之"不忍之心",更多地表现为对"物"一种由"仁"而来的"恩泽"或"恩惠",这从他的"今恩足以及禽兽,而功不至于百姓者,独何与？"（《孟子·梁惠王上》）及"仁者以其所爱及其所不爱"（《孟子·尽心下》）等表述中可见一斑。在孟子这里，"仁"是普遍的和最高的道德法则，它是使爱之为爱的伦理基础和强大来源。"爱"是"仁"的外在表现，"仁"是"爱"的内在根据，即"内于仁而外于爱"也。"仁"具有一种不可抗拒的道德力量，能够使一位仁者从爱其所爱到爱其所不爱，以致无所不爱。不过，这种爱显然并不平等。如能"恩及禽兽""而功不至于百姓"，也即"爱物而不仁民"，在孟子看来是不可思议的，也是让人无法理解和接受的。在孟子的精神世界中，"王道""仁政"一直占据核心地位，而"仁民"在其中扮演着举足轻重的角色，因为"诸侯有三宝：土地、人民、政事。宝珠玉者，殃必及身"（《孟子·尽心下》）。在这三宝中，孟子最为看重的便是"人民"，因此"仁民"便拥有了上承"王者"下启"土地"、实现"王道"的枢纽地位，其重要性绝不可以等闲视之。

那么如何做到"仁民"呢？孟子劝诫统治者要"与民同乐"："今王与百姓同乐，则王矣"（《孟子·梁惠王下》），"乐民之乐，民亦乐其乐；忧民之忧者，民亦忧其忧。乐以天下，忧以天下，然而不王者，未之有也"（《孟子·梁惠王下》）。这构成了"乐鸿雁麋鹿"（《孟子·梁惠王上》）、"乐田猎"（《孟子·梁惠王下》）的基础。由"乐民之乐、忧民之忧"的"仁民"到"乐鸿雁麋鹿""乐田猎"的"爱物"，孟子将"人民""政事"和"土地"、万物，也即政治和生态自然而然地联系在了一起，而这一连接点仍然是作为"王道之始"的农业，因为这正是"民之所乐""民之所忧"之事。孟子为我们描绘了一幅生态农业的理想画卷：

  王欲行之，则盍反其本矣：五亩之宅，树之以桑，

> 五十者可以衣帛矣。鸡豚狗彘之畜，无失其时，七十者可以食肉矣。百亩之田，勿夺其时，八口之家可以无饥矣……老者衣帛食肉，黎民不饥不寒，然而不王者，未之有也。(《孟子·梁惠王上》)

农业对于"王"与"不王"至关重要。中国传统社会属农耕文明形态，因此，可以毫不夸张地说，农业是最大的政治，其本身就是"王道"。因此，遵循自然生态发展规律，"无失其时""勿夺其时"也成为"王道"，或对"王道"的政治要求。在这幅理想的画卷中，"王道""仁政""仁民"与生态、农业、"民乐"毫无矫饰地浑然一体。可见，孟子早在其所处的先秦这一特定时代，就以其特有的方式，诠释着生态政治的"王道"。

二、生态政治视野下的政府义务

生态政治可被视为生态政治化与政治生态化双向耦合的产物。在生态危机和环境问题日益受到重视的当代社会，政府的责任担当和义务践履也愈来愈显得沉重。"生态政治的本质内容揭示的是政治与自然生态环境之间的关系，其本质目标是反思、调适、改造现有的政治系统及其运作的内容和方式，以追求实现人与自然的自然性和谐，即维护与实现包括人类在内的整个自然生态系统的平衡和稳定。"①在当代社会的政治系统中，政府占据着主导与核心的位置当无异议。因此，在自然生态问题上，强调政府的地位和作用是无可厚非的，也是完全可以理解的。对政府运作的内容和方式进行适当的调整和改变既是大势所趋，也是必然选择。

---

①黄爱宝：《从生态政治的视角看节约型政府建设》，《江苏社会科学》，2006年第2期。

毕竟，仅仅依靠技术的手段和市场的力量是远远不够的。历史和现实已经反复证明，技术虽然对于促进人类社会的发展和进步具有不言而喻的推动作用，但其所造成的问题，其中包括环境问题，并不比其所带来的好处少。当然，其责任不在于技术本身，而在于发展和使用技术的人，以及在一定程度上对技术的发展和使用起主导作用的政府。市场对于经济的增长和人们物质生活水平的提高所作出的贡献已被广泛认可，但市场和技术一样，也表现出两面性。市场经济的发展与其对环境的消极影响一直相生相伴，这是不可避免的。更为重要的是，在解决环境问题方面，市场主体既无能力，更无意愿。"传统治理思维主张通过市场来解决因市场而引发的问题，而生态政治则认为，应发挥政府在解决生态环境问题中的关键作用，即通过政府等非市场力量解决市场外部性带来的生态环境问题。"①众所周知，环境具有公共性的特点。如果说环境公益是环境公共性的积极表现形式，那么环境公害则是其消极方面。政府作为公共物品和公共服务的供给者，无论在保障和维护环境公益，还是消除和避免环境公害方面，都拥有着不可替代的地位，起着举足轻重的作用。因此，生态政治的具体实践就有赖于政府责无旁贷的环境义务的切实履行。那么，政府环境义务究竟包括哪些具体内容呢？

(一)预防人为环境风险的伦理义务

人类的实践活动，特别是经济活动对环境的影响不仅表现在已经发生的危险方面，如水体的污染和减少，森林的破坏，新的疾病，等等，而且表现在其潜在的环境风险方面。人为环境风险主要是指由人类活动引发的环境风险，所以对于政府来说，其要

---

① 吴春梅、林星：《"天人合一"视阈下的中国生态政治》，《理论月刊》，2014年第8期。

预防的环境风险主要是指这种人为环境风险。

人为环境风险是由于人的实践活动所造成的环境影响相对于人的生存和发展而言可能形成的一种损害性关系状态。政府对于可能影响环境的实践活动，应当进行相应后果的预测，并根据预测确定该实践活动是否可以为之以及以何种方式为之。"也就是说，对人为环境风险应当对其产生的原因进行积极的控制，确定地防止危险后果的发生或将损害后果控制在可以忍受的限度之内，或者在无法预测可能后果时放弃一定的行为，事先防范危险后果的发生。"①对于人的实践活动造成的可能后果在当前的技术条件下根本无法预测的情况下，放弃无疑是最合适、最理智也是最合乎道德要求的选择，从而可以避免发生不堪设想的甚至是无法补救的严重后果。因为这种严重后果一旦发生，在连预测都无法做到的技术条件下去做事后的补救是难以想象的。政府对人为环境风险的预防原则即在于此，那就是在可能有危害出现时，或者根本就无危害出现时，果断地将这种可能发生的危害后果"消灭在萌芽状态"，以绝后患。

可见，政府对人为环境风险的预防存在两种情况：一种情况是刚刚我们所说的完全无能力预测后果的情况，对于此种情况的预防相对来说要简单一些，只需要消极的放弃作为或不作为即可。另一种情况是能够预测人类实践活动对环境可能造成的后果。如果说对于无法预测后果的情况，政府的伦理义务对人类实践活动的禁止从而使其不得发生的话，那么对于能够预测后果的情况，政府的伦理义务则是为人类的实践活动制定符合伦理要求的环境标准，因为既然人类的活动后果能够预测，也就意味着从某种程

---

① 吕忠梅主编：《环境法原理》，复旦大学出版社，2007年版，第99页。

度上其后果是能够控制的，而政府制定环境标准即是对其控制的一种重要方式。

(二)政府制定环境标准的伦理标准

政府制定环境标准主要是为了预防那种可以预测的人为环境风险可能带来的伤害。"环境标准的制定，一般都允许一定程度的污染。"①没有一定程度污染的环境标准是不需要制定的，而之所以制定环境标准，就是因为环境有了一定程度的污染，制定环境标准就是为了尽可能地减少污染，并将污染控制在一个合理的水平。但这一标准仍然使人感到模糊不清，有没有一个更加明晰的标准呢？

为了消除环境标准的模糊性问题，有必要运用科学的手段对环境品质与人类健康之间的函数关系进行研究，以便算出各种环境标准。其实，在科学昌明的今天，特别是环境科学越来越受到重视和人们对自身健康越来越关注的时代背景下，政府运用自身所拥有的公共权力和资源优势对环境标准进行制度性设计应该不是问题。只是有必要指出，政府通过对环境标准的制度性设计所尽的环境义务并非人道主义的义务，而应被看做正义的义务。正义义务直接针对的是社会的基本结构和制度的不平等问题，并以正义原则对存在于一国之内的社会基本结构与制度中的不平等进行调控，从而实现社会公平正义。从正义视角重新思考存在于社会中的环境问题方面的不平等现象，为我们看待和解决这一问题提供了新的路径。在环境问题中受到威胁和侵犯的往往是社会中的弱势群体，而这些弱势群体之所以处于如此境遇，在很大程度上是由于社会制度结构造成的。一个正义的社会应该是一个以其

---

① 李剑:《试论环境权的权能》,《环境科学与管理》,2005 年第 5 期。

制度尽力保护弱势群体的社会,而绝不是任由弱势群体的基本权利受到威胁和侵犯的社会。"如果一个人所处的不利的社会地位是由于社会的制度安排导致的,那么我们的目标就不仅仅是改善这个人的处境,而是应该致力于改变和修改导致这种状况的制度本身;我们对这个人的援助就不仅仅是出于我们的仁慈,而是出于正义的义务,是把他本应该得到却被剥夺的东西归还于他。"①因此,政府在环境标准的制定和设计上应体现正义义务的基本要求,以使在环境问题中处于弱势地位的个人和群体的环境权益得到切实有效的保障。也许正是在这个意义上,罗尔斯的差别原则——最有利于社会中的最不利者——可以被视为对作为正义义务的政府环境义务的恰当诠释。

政府在履行环境义务,制定环境标准时所遵循的正义原则,在预防人为环境风险方面坚持的所谓"消极无为"的不伤害原则,均体现出强烈的将人视为目的的伦理情怀,因此在实践中必能使人所生存于其中的生态环境得到切实的保护,进而回应人作为目的本身的伦理诉求。而这也正是生态政治本身的初衷和孜孜以求的伦理目标。

三、孟子"王道"生态消费伦理思想对当代生态政治的镜鉴

既然政府在应对和解决生态环境问题方面能够起到如此重要的作用,那么政府的决心以及由此付诸的行动就显得尤为引人注目。"尤其在当代中国的生态政治氛围中,环境问题能够及时被发现或解决,在很大程度上取决于政府的决心与行为,努力建构

---

① 江娅:《人道主义的义务与正义的义务》,《中国人民大学学报》,2009年第1期。

'生态型政府',使政府生态化以及政府官员'绿化'乃是拯救生态环境最为有效和最为紧迫的任务。"[1]由于政府在政治生态中所处的主导地位,政治生态化首先就表现为政府生态化,而政府生态化又具体表现为政府官员乃至每一位政府公职人员的思想言行的生态化。因此,"生态型政府"的构建一方面端赖政府在生态文明建设方面系统的制度化设计与安排,另一方面更需要政府官员的生态行为在全社会的表率引领作用的充分发挥。政府代表着公共利益,掌握着公共权力,拥有着公共资源,其本身所可能产生的公共榜样示范效应必然是不容忽视也不容低估的。政府官员在环境问题的应对和解决、在生态文明的推动和建设方面无论伦理理念如何、言行举止如何,都会在全社会产生广泛而深刻的影响,无论是正面积极的,还是负面消极的。可见,生态政治所要求于政府的并不仅仅是构建"生态型政府",还应要求政府本身就是伦理型政府。

生态型政府所致力实现的目标是人与自然的和谐。人与自然的关系从来就是一对矛盾。人要在自然中生存和生活,就不得不从自然中取得自身所需的各种资料和能源,并将各种生产生活中产生的废物排放于大自然。近代以来,随着人类科学技术的迅猛发展,这一获取和排放的进程不断加快和加剧,自然原来的生态系统、存在秩序和运行过程已经受到严重影响,人与自然的关系也变得日益紧张甚至对立。为了缓和这种紧张对立的关系,政府开始一步步被推到历史的前台,深刻检视自身在这一问题上存在的过失及所应负的责任,并反思这一天然关系如何相处,这一不容回避的问题如何应对。

---

[1] 黄爱宝:《从生态政治的视角看节约型政府建设》,《江苏社会科学》,2006年第2期。

思想是行动的先导,实践是理念的产物。在人类历史长河中,关于人与自然如何相处这方面的精神资源不可谓不丰富,但从生态政治视角对政府的生态作为具有一定镜鉴作用的并不多,先秦儒家的孟子可以说是其中杰出的代表。孟子本是从"仁政"出发,为实现其"王道"的政治理想,却在客观上起到了保护生态环境、协调人与自然关系的作用。下面我们就来分析孟子的"王道"和"仁政"如何能为今天的生态政治提供镜鉴作用。

首先,生态政治视角下的政府是伦理型政府。在孟子那里,伦理型政府首先要关注老百姓的经济状况和生活需要。如果不能做到这一点,就是不道德的,是"不仁"的表现。

> 无恒产而有恒心者,惟士为能。若民,则无恒产,因无恒心。苟无恒心,放辟,邪侈,无不为已。及陷于罪,然后从而刑之,是罔民也。焉有仁人在位,罔民而可为也?(《孟子·梁惠王上》)

对于普通百姓来说,有无恒产是有无恒心的先决条件。如果没有稳定的经济收入和生活来源,百姓的心就不安稳,就会寻求改变。可见,恒产是百姓的第一所需。因此,仁人在位必首先制民之产,否则就不配称为"仁人"。制民之产也就是发展农业,有了这一经济基础,对于"仁人"所施行的"仁政"来说才仅仅是"万里长征"的第一步,当然这也是最为关键的一步,没有这一步,对百姓的道德教化就无法顺利开展,也不会收到预期的效果。

在制民之产的基础上,百姓实现了安居乐业,此时对他们施以人伦教化必能水到渠成地收到功效。因此孟子说:

> 王欲行之，则盍反其本矣：五亩之宅，树之以桑，五十者可以衣帛矣。鸡豚狗彘之畜，无失其时，七十者可以食肉矣。百亩之田，勿夺其时，八口之家可以无饥矣。谨庠序之教，申之以孝悌之义，颁白者不负戴于道路矣。老者衣帛食肉，黎民不饥不寒，然而不王者，未之有也。（《孟子·梁惠王上》）

而这"庠序之教""孝悌之义"究竟为何呢？孟子具体指出：

> 人之有道也，饱食煖衣，逸居而无教，则近于禽兽。圣人有忧之，使契为司徒，教以人伦：父子有亲，君臣有义，夫妇有别，长幼有序，朋友有信。（《孟子·滕文公上》）

这就是我们今天非常熟悉的五伦和五常。五伦五常对中国后世的巨大影响自不必说，而这样的人伦教化之所以会产生如此深远的影响，若将其仅仅归结为孟子自身学养的深厚与思想的深刻是不具有充分说服力的。仁政的落实需与百姓的生产生活紧密结合，否则就有可能沦为空洞的说教。要使百姓接受道德教化，"仁人"就必须实实在在地"以德行仁"，"以德服人者，中心悦而诚服也，如七十子之服孔子也"（《孟子·公孙丑上》）。这就要求在位者，也即政府官员在道德上要身体力行，做百姓的道德榜样。唯此，方能使百姓"心悦诚服"。如果在位者的道德践行与关心百姓的生产生活结合在一起，就能产生更为强大的道德力量。其实，百姓对"王"、对"在位者"的要求和期望，只是能够在农时"无失其时""勿夺其时"，使百姓能够"衣帛""食肉""无饥"就可以了。而"无失其时""勿夺其时"又确实能够在客观上起到遵循自然规律、保护生态环境的效果，实现人与自然关系和谐的目的。因此，伦理型政府一方面是政治伦理，要求政府及其官员要有成为百姓道德榜样的意识和行动；另一方面是生态伦理，要求政府关注民生，关心百姓生活，制民之产，使百姓安居乐业，有恒产，有恒心。在制民之产的过程中，应遵循自然发展规律，保护生态环境，使所制之产真正"有恒"，实现可持续发展。如果对自然生态进行无节制地开发利用，"有恒产"就会变成"无恒产"，百姓的"有恒心"也会变成"无恒心"了。

其次，生态政治视角下的政府是节约型政府。"'节约型政府'是一个包容性很强、弹性很大的概念，但在生态政治的视角下，'节约型政府'就是节约自然生态资源和自然环境成本的政府，是致力于不断实现自然生态平衡和生态环境保护的政府，其本质就是'生态型政府'。"[①]从消极方面来说，则是指不对自然生态资源进行无节制开发利用和造成不必要浪费的政府；从积极方面来说，"节约型政府"指主动采取措施，发展生态经济，尽可能节约自然生态资源，提高对自然生态资源的利用效率，从而实现人与自然、经济发展与环境保护之间的良性互动与和谐相处。这里就有一个如何把握开发利用自然生态资源的"度"，也即标准的问题。一旦超出这一"度"、这一环境标准，就会造成环境风险，而这一环境风险显然是由人造成的，即我们在前面所说的人为环境风险，而人为环境风险是可以被有效控制的。在孟子看来，用以把握开发利用自然生态资源的标准是"仁"，这也是其"仁政"的具体体现。

[①] 黄爱宝：《从生态政治的视角看节约型政府建设》，《江苏社会科学》，2006年第2期。

孟子曰:"君不行仁政而富之,皆弃于孔子者也,况于为之强战?争地以战,杀人盈野;争城以战,杀人盈城,此所谓率土地而食人肉,罪不容于死。故善战者服上刑,连诸侯者次之,辟草莱、任土地者次之。"(《孟子·离娄上》)

孟子是明确反对战争的,因为战争使百姓饱受战乱之苦,陷入水深火热之中,是与其一贯主张的"仁政"相背离的。在他看来,战争的实质是"率土地而食人肉",战争以争夺土地之名行戕害人命之实,因此"罪不容于死"。土地本来是应该用来为百姓养家糊口、"养生丧死"、使百姓吃饱穿暖、衣食无忧的,却成为某些利欲熏心的战争狂"杀人""食人肉"的借口和工具。如果说"善战者"是主谋,"连诸侯者"则是共犯,而"辟草莱、任土地"何以也为孟子所反对呢?"大概他认为诸侯之所以如此做,不是为人民,而是为私利。或者他认为当时人民之穷困,不是由于地力未尽,而是由于剥削太重,战争太多。"①孟子反对"辟草莱、任土地"是讲政治原则的,这原则就是"仁",是"仁政"之"仁","政"亦是"仁政"之"政"。从"仁"出发、为了"仁"的"辟草莱、任土地"的"制民之产"是为孟子所肯定和鼓励的,因为那是"王道之始"。孟子所反对的是为了诸侯自身的私利、而非为"仁"的无节制地开发利用土地和自然的行为。一旦利欲熏心,势必利令智昏,而无节制开发利用自然的结果便是自然生态的被破坏、人与自然关系的紧张,以至作为"王道之始"的农业发展不可持续。如果说农业有序有节的发展是"王道之始",那么对自然生态的合理

①杨伯峻:《孟子译注》,中华书局,2012年版,第189页。

有度的开发利用,使人与自然之间关系和谐则是"王道之基"。

因此,孟子并不一般地、毫无原则地反对对土地的开发、对自然的利用,事实上,他也是赞成"土地辟,田野治"的。

> 孟子曰:"入其疆,土地辟,田野治,养老尊贤,俊杰在位,则有庆;庆以地。"(《孟子·告子下》)

这里的关键仍然是其作为伦理原则的"仁"是否在"政"中被推行和实施。

孟子反对"辟草莱、任土地"与其反对"从兽无厌"的思想是一致的。

> 从流下而忘反谓之流,从流上而忘反谓之连,从兽无厌谓之荒,乐酒无厌谓之亡。(《孟子·梁惠王下》)

能够"与民同乐""仁民乐民"的"乐田猎",孟子不仅不反对,还许之以"仁",但流连忘返,"从兽""乐酒"无厌的荒亡之行必须坚决予以抵制和反对。用今天的话来说,这是典型的消费主义的表现,不知节制,肆意浪费。这样的统治者不仅是百姓的灾难,也会给自然生态带来巨大的压力。孟子的这种反对实际上是在提醒在位者应克制私欲,爱惜民力,以得民心,爱护自然生态,走可持续发展的"仁政"之路,也就是要行"王道"。反观现实,政府及其官员应从中引以为戒,厉行节约,反对浪费,为构建"节约型政府"作出切实努力。因为毕竟"政府机构奢侈性运转的浪费行为不仅能直接给自然生态环境造成压力,不仅会使政府及其官员失去民心,而且会对整个社会的浪费行为起着推波助澜的作用。相反，政府机构的节约行为也必然会为整个社会的节约行为发挥巨大的表率和示范作用"①。也就是发挥政府在全社会的道德榜样作用。可见，生态政治视角下的政府是节约型政府与伦理型政府的和谐统一。

第三节 荀子"王制"生态消费伦理思想的当代价值

荀子是战国末期儒家思想的集大成者。在生态观上，荀子与孔子、孟子是一脉相承的，都主张"天人合一"，差别仅仅在于荀子是在"明于天人之分"的基础上提出的。而正是这一点恰恰表征了他对前人理论的发展、创新和超越。在其整个思想体系中，荀子隆礼而又重法。当然，在礼与法的关系中，礼是"里"，法是"表"，"礼者法之大分"（《荀子·劝学》），二者表里合一，相辅相成，相得益彰，共同为维护社会正常秩序、维持国家长治久安发挥作用，"隆礼至法则国有常"（《荀子·君道》）。关于荀子礼法的讨论，学界可谓见仁见智，但无论如何，荀子对"法"的重视、对"圣王之制"的推崇，不仅对先秦儒家伦理思想的发展是一重要推进，于今亦仍不失为一份宝贵的精神遗产。

一、荀子"王制"中的生态消费伦理规训

荀子援礼入法，以法表礼，玉成"王制"，也即"圣王之制"。

> 圣王之制也，草木荣华滋硕之时则斧斤不入山林，

---

①黄爱宝：《从生态政治的视角看节约型政府建设》，《江苏社会科学》，2006年第2期。

> 不夭其生，不绝其长也；鼋鼍、鱼鳖、鳅鳝孕别之时，罔罟、毒药不入泽，不夭其生，不绝其长也；春耕、夏耘、秋收、冬藏四者不失时，故五谷不绝而百姓有余食也；洿池、渊沼、川泽谨其时禁，故鱼鳖优多而百姓有余用也；斩伐养长不失其时，故山林不童而百姓有余材也。（《荀子·王制》）

这是荀子关于生态保护的"圣王之制"的一段著名论述。与孔子和孟子一样，荀子依然十分强调"时"对万物发育生长、对发展农林牧渔的重要性。"圣王之制"首先须遵循自然发展规律，不干扰自然的正常运行和万物的正常生长，"不夭其生，不绝其长也"。这显然是从消极意义上对自然生态所做的保护，换言之，不干扰、不破坏即是最好的保护。这也符合法律是最低限度的伦理要求的一般特点，不作恶即为善。按照对人的伦理行为的不同要求，可分为鼓励、允许和禁止几种类型，其中禁止这一类属底线伦理的范畴，具有普适性特点，要求人人必须遵守。只有严格按照"圣王之制"的要求对待自然，才能确保"百姓有余食也""百姓有余用也""百姓有余材也"。自然生态的"生"是百姓生活的"生"的必要条件，只有生态良好，百姓生活才有保障，也才会有"余食""余用""余材"可供百姓安心无忧地消费。这也就意味着，只有节制对自然生态资源的生产性消费，百姓的生活性消费才是可持续的。而这两方面都是生态消费的题中应有之义。生态消费的核心要义在于"节"，"而在现代社会中，节的最重要含义就是理性消费"[1]。所谓理性，对于生态消费而言，就是

---

[1] 宋文慧：《荀子伦理思想的生态之维及现实价值》，《武陵学刊》，2015年第6期。

能够意识到人与自然之间的关系以及人应当抱持的对待自然的伦理态度，并在此基础上节制自己的不合理欲求，节约对自然生态资源的消费，减少乃至避免浪费行为，使人与自然和人与自身这两大生态实现良性互动。

如果说为了"不夭其生，不绝其长"而对人们采取的种种禁止性措施是法律手段的话，那么，百姓之有"余食""余用""余材"则是其伦理目的。在物质相对匮乏、基本"靠天吃饭"的传统社会里，使百姓所"食"、所"用"、所"需"有所"余"往往是一种理想，甚至是一种奢求。而要实现这一点，不依靠"王制"的强硬约束，不采用生态消费的理念和方式是不太可能的。因为一旦生活不够节约，消费无所顾忌，对自然的利用不能做到"谨其时禁"，农业的发展不能做到"不失其时"，"五谷不绝""鱼鳖优多""山林不童"的生态基础就会被削弱和动摇，物质不足的窘境就会或迟或早、或急或缓地出现。因此不难发现，在看似无情的"王制"背后，隐含着将百姓、将人本身作为目的的浓浓的伦理情感，因此，在通过"圣王之制"将这一情感曲折地反映出来之后，紧接着荀子又通过"圣王之用"将其直接地表露出来。

> 圣王之用也，上察于天，下错于地，塞备天地之间，加施万物之上，微而明，短而长，狭而广，神明博大以至约。故曰：一与一，是为人者，谓之圣人。（《荀子·王制》）

"一与一"是指用统一的礼义原则统率一切事物，这样的人就叫做圣人。圣人是掌握着礼义原则并能够用礼义原则对百姓进行道德教化的人。因此，在儒家的精神世界里，仅仅强调法的重要性,强调"王制"的权威性是不可能的,也是不可思议的。儒家的世界首先是伦理的世界,法或"王制"只是对这一世界的注脚、说明或补充。在这一世界中,无论是人与人的关系,还是人与自然的关系,皆被涂抹上鲜明的伦理色彩。即使如此,荀子提出"王制",并能以其作为调整人与自然关系、保障百姓生活的重要手段这一点本身就是难能可贵,也是值得称道的。"王制"之"制"除了有法律制度的主要理解外,也还有控制、节制之意,且这几方面的意思也是可以互通的。其中,法律制度是"王制"的基本含义,而控制、节制之意皆可以在这一基本含义之下得到诠释。控制是对人们生态行为的控制,节制是对人们消费行为的节制,而无论是控制还是节制,离开法律制度的强制约束,其效果都很难得到保证。法律制度是保护环境的最强有力的保障,古今皆然,而荀子在两千多年前就已经睿智地洞悉此道。通过作为法律制度的"王制"对人们生态行为的控制和消费行为的节制,既能够实现人与自然的和谐相处,亦能够满足百姓"有余食""有余用""有余材"的生活消费需要,这本身即是"圣王"之为"圣"的自我实现。在"王制"的规训中,我们确能清晰地读出生态消费的伦理追求。

二、生态法律关系中的环境权

前述我们所讨论的荀子的"圣王之制"在一定意义上可被视为生态法律,而就当今人类社会而言,"所谓生态法律关系,是指人们在有关生态保护活动过程中,根据生态法的规定所形成的以生态权利和生态义务为内容的社会关系"[①]。生态权利和生态义务

[①] 曹明德:《论生态法律关系》,《中国法学》,2002年第6期。

（生态权利即环境权，生态义务也即环境义务，虽然它们之间有一些细微差别，但在这里我们将其作为同一概念使用，不作区分）这一对关系，与通常人们所耳熟能详的"没有无权利的义务，也没有无义务的权利"的那种对等式的权利义务关系有所不同，这是由生态法律所要解决的环境问题的特殊性决定的。由于环境所具有的公共性的特点，决定了政府是解决环境问题，承担环境义务的最合宜也最核心的主体，虽然不是唯一的主体。在环境方面，"人人享有环境权利，人人负有环境义务"这一提法既不科学理性，也无可取之处，因为"人人负责"极有可能导致"无人负责"，反而使环境问题变得愈来愈严重。关于政府的环境义务，我们已在前面进行了分析和解读，不再赘述。这里我们着重讨论环境权。

环境权这一概念的出现并不是偶然的，它伴随着整个人类面临的日益严重的环境问题应运而生。环境问题的解决不仅需要集中整个人类的理性智慧，而且需要动员整个人类的道德情感，因为这一问题关乎人类的生存、发展乃至未来。环境问题的这一特点决定了为解决这一问题而提出的环境权这一概念应该：既满足普遍性的要求，因为毫无疑问，这一权利应为人类共同体的每一成员平等享有；又满足有效性的要求，因为这一权利毕竟是为解决急迫而棘手的环境问题而产生的，饱含着强烈的现实关怀和忧患意识。按照这一要求，我们可以将环境权这一概念作如下界定：环境权是为每个人平等享有的一项基本人权，即每个人生活在有一定品质保证的环境中，这样的环境能够维护人的尊严。[①]

之所以将环境权的概念与尊严紧密联系在一起，是因为环境

[①] 冯庆旭：《环境人权概念的伦理解读》，《理论月刊》，2012 年第 2 期。

的污染和破坏在一定程度上造成了对人的尊严的威胁和侵害,而人的尊严已然与人的权利密不可分。为避免因环境问题造成对人的尊严的伤害和贬损,使人作为"万物之灵长",作为一种高贵的道德动物,能够有尊严地安身立命于斯世,于是环境权这一概念便应运而生。环境权为保护每个人因环境问题而可能导致的作为人应享有的最起码的尊严不受损害设置了坚固的伦理屏障,任何罔顾环境问题这一严重后果的社会实践活动都必须为损害人的尊严提供充分的伦理理由,以便在通过这一伦理屏障时可以理直气壮。环境权是一项道德内涵丰富的权利。

作为道德权利的环境权,对主体自身需要的满足和自身价值的实现并不一定是通过主体自身的努力达到的,环境权特别明显地具有要求权的特征,即环境权是一种要求他人来尽义务的道德权利,而并不以权利与义务的对等关系为必要条件。诚如范伯格所言,一个没有要求权的社会,不管它怎样充满着善行和忠于职守的精神,都会遭受严重的"道德沦丧之害",因为一个人若无要求他人体面对待自己的要求权,一旦受到他人微不足道的体面对待时,便会觉得自己非常幸运了,应对他们感恩戴德,而不认为他自己本来就应受到这样的对待,这"对个人自尊和个性发展的伤害将是难以估计的"。因此,"人们基于一定的道德原则要求得到某种对待,甚至基于一定的道德理想而提出某种要求都是要求权的应有之义。无论是法律上的要求权还是道德上的要求权,对人来说都是至关重要的"[①],在要求权的意义上,环境权实际上是要求他人体面对待自己的道德权利,特别是当自己所生活的环境受到污染和破坏,以至使自己不能体面地生存和生活时,在此情

[①] 余涌:《道德权利研究》,中央编译出版社,2001年版,第36页。

况下所应有的基本态度就是要求立即停止而不是乞求放弃污染和破坏环境的行为,使自己得到体面地对待,以维护自己的环境权。

环境权的主体无疑是所有人。环境权作为道德权利所包含的道德因素即是对所有人普遍和平等的尊重,尊重其自主的决定和基础性、本质性的环境利益需求。环境利益需求的基础性和本质性的特点决定了环境权对于每个人来说都是不可放弃和不可让渡的。"人的有些权利是不可放弃和不可让渡的,这并不是因为个人具有某些天赋的权利,而是因为有些权利体现的是道德主体的本质规定,在涉及人的尊严和人格等的权利时,放弃意味着自贱。"[1]环境权即是这样一项权利,对环境权的放弃不仅意味着自贱,而且根本就是自毁。因为环境权终究不可能被放弃,也是放弃不了的,即使是环境的污染和破坏者也享有环境权。

从积极方面来看,环境权意味着对所有人的平等尊重。而从消极方面来看,环境权则更多的是对人的一种保护,从而使人免受伤害,即遵循所谓不伤害原则。"这个所谓的伤害原则——也称为不伤害原则(non-malfeasance)——鼓励采取集体的行动防止个人受到其他人的伤害,即使当其他人是大多数人的时候也一样。准确地来讲,要防止个人的健康受到有毒污染物的危害。如果一种污染物不是有害的,那么在理论上就归类为无毒污染而不是有毒的。一个人因为他人的行为而受毒物影响,这在理论上就可以说是受到伤害,因为如果没有他人的这些行为,他的健康可以更好。"[2]那么,什么样的行为才构成伤害呢?拉兹认为,当一个人

---

[1] 余涌:《道德权利研究》,中央编译出版社,2001年版,第96页。
[2] 〔英〕简·汉考克:《环境人权:权力、伦理与法律》,李隼译,重庆出版社,2007年版,第113页。

的行为使另一个人的状况比原来或有资格得到的状况更糟,这个人就伤害了别人。①退一步说,即使这另一个人在受到了他人的行为影响后其状况仍然比其他人普遍存在的状况要好,也仍被认为是受到了伤害。能够在消极意义上使自己的环境行为遵循不伤害原则从而不对他人造成伤害,是最低的道德要求,但若能从更积极的角度出发去施行善举,以此为他人增加好处,自己也因此得到自我价值的实现,则无疑更具道德意义。"对于'慈善'的理解应当加以限制,它仅仅指当我们只冒着最小的风险或最小的不利而能如此做时,应当直接帮助他人,增进他们的重大的和合法的利益。这项义务包括提供好处,防止或消除伤害,在自己的活动后果中尽可能地减少伤害,增加好处。"②防止或消除伤害是不伤害原则所要求的一项道德义务,虽然可能并没有积极地采取行动以取得更大的好处,但无论如何在事实上减少和避免了伤害的发生,这实际上是在做善事,至少不是主动作恶。我们可以将其视为不作恶即为善,这在一定程度上是由环境问题的特殊性决定的,所以在道德上是值得肯定的。环境利益对于任何人来说都是基础性和本质性的利益,同时也是重大的和合法的利益,是能够得到伦理支撑和法律辩护的。环境权正是得到了生态伦理的强大支撑和生态法律的有力辩护与保障的环境利益。

---

① Nils Holtug:The Harm Principle,Ethical Theory and Moral Practice,Vol.5,No.4(Dec.,2002),pp.357-389.

②〔美〕汤姆·L.彼彻姆:《哲学的伦理学》,雷克勤、郭夏娟、李兰芳、沈珏译,中国社会科学出版社,1990年版,第313页。

三、荀子"王制"生态消费伦理思想对当代生态法律的启示

环境权是在人类生活于其中的生态环境出现危机,问题越来越严重的背景下提出的,或者说,只有当人们失去环境权时才会主张环境权,而当人们在实际享有环境权时,环境权却往往成为被冷落和忽略的对象,一如人们只有在健康受到损害时才能体会到健康的重要性,而当人们身体健康时,不知健康为何物。正如夏勇教授所深刻指出的:"一言以蔽之,只有本来是人而又完全不被当作人的阶级,才可能主张彻底的、纯粹的、人之作为人的平等,主张人之作为人所应有的权利。历史的法则确乎有些奇特:对人道主义的强烈追求总是与道德败坏、人心堕落同时出现;要求自由的强烈程度总是与压抑自由的酷烈程度成正比。"①由此看来,荀子在其所处的时代,既不可能也无必要提出环境权,因为那时的人与自然的关系整体上是和谐的,即使存在一些环境方面的问题,也还远远达不到如今天这样需要通过伸张环境权来予以应对和解决的地步。人类的实践活动对自然产生的压力基本上保持在自然所能承受的范围之内,因此可以说那时的人们是在实际地享有着环境权。

荀子的"王制"对于当时人们所实际享有的环境权在客观上发挥着重要的保障作用,虽然环境权不是也不可能是"王制"所要追求的对象和实现的目标。这也足以使我们看到法律制度对维护生态和保护环境所具有的不可替代的地位。"荀子'谨其时禁'和取物以时的生态责任观,在今天看来实质上是一种生态禁止性

---

① 夏勇:《人权概念起源》,中国政法大学出版社,1992年版,第100页。

制度和原则,这就需要我们在生态文明建设的过程中,建立健全环境保护的法律法规体制和机制。"①因此,环境资源立法就显得尤为重要。但在先秦乃至整个中国封建社会,法即"王法",制即"王制","王"或统治阶级在立法中拥有绝对的权威,"公众"参与是不可想象的。而在今天,如果环境资源立法没有充分的公众参与,同样是不可想象的,因为那样不仅使所立之法本身可能存在诸多缺陷或不足,而且会给环境执法带来种种阻碍。毕竟环境资源立法关系到公众切身的环境利益,关系到每个人能否呼吸到新鲜的空气、喝到洁净的水、享受到充足的阳光……简言之,关系到公众能否实现和享有环境权。也就是说,"努力创造条件让公众参与环境资源立法,是与环境资源立法的本质相联系的。环境资源立法,涉及的并不只是一个行业或一个部门或某个群体的事务,而是涉及整个人类生存的问题,因此,只有政府机关主导而无公众广泛参与的环境资源立法模式,不仅会导致立法规定缺乏可操作性,也会因公众参与的不足而使社会对环境资源法律、法规的认同度较低,不利于环境执法的开展"②。荀子的"王制"无疑是"政府机关"主导,甚至是"圣王"主宰的,且可通过专制的手段强制实施。但在人们民主、法律和权利意识不断提高的当今社会,加之环境问题本身的错综复杂,"只有政府机关主导而无公众广泛参与的环境资源立法模式"已经失去了现实基础,公众参与不仅必要,而且可行。广泛而充分的公众参与能够在一定程度上确保立法规定的可操作性,同时有利于环境执法的正常

---

① 徐昌文:《荀子生态伦理思想及其对当今生态文明建设的启示》,《中华文化论坛》,2009年第2期。
② 何勤华、顾盈颖:《生态文明与生态法律文明建设论纲》,《山东社会科学》,2013年第11期。

有序的开展。

环境资源立法只是使保护环境和合理、有节制地开发、利用自然资源有法可依,执法才是关键。而要使执法顺利实施,就必须赋予执法者相应的职责和权力。中国古代很早就有设置生态职官,使环境执法者能够有权管理生态资源,从而实现人与自然的和谐相处。"中国历史上的职官系统及其官号出现甚早……较早时期职官的设置,大多与自然环境直接相关,而顺应自然和管理生态资源乃其一重要工作。"①为了实现"圣王之制"的生态理想,荀子主张应当设专门的官员管理草木山林沼泽之事,这类官员被称之为虞师之官,他们的职能是"修火宪,养山林薮泽草木鱼鳖百索,以时禁发,使国家足用而财物不屈"(《荀子·王制》)。《荀子·王制》载录了司空、治田、虞师、乡师、工师等职官及其责守,而与现代意义上的生态保护最为接近的职官当为虞师或虞衡,即对山虞、林衡、川衡与泽衡等主管山川湖泽动植物资源职官的总称。虞师行使职权十分严格,对于不遵守"时禁"等规定者,虞师多予以惩处,就是君王的违规之举也不例外。据《孟子·万章下》记载:

> 齐景公田,招虞人以旌,不至,将杀之。志士不忘在沟壑,勇士不忘丧其元。孔子奚取焉?取非其招不往也。

齐景公外出打猎,召虞人但不以礼,尽管以"将杀之"相威胁,虞人仍断然拒绝。"该事例从侧面表现了管理山泽草木禽兽

---

① 陈业新:《儒家生态意识与中国古代环境保护研究》,上海交通大学出版社,2012年版,第341页。

等自然资源的职官——虞人——不畏强权和敢于作为的精神与品质，将这种精神与品质贯彻到生态保护的实践中，又何患有关生态资源保护的政令得不到严格的执行和实施呢？"① 这种忠于职守、严格执法的伦理精神是值得称道的，执法者始终所忠实的是自己手中的执法权，尽职尽责，"执法必严，违法必究"，即使面对的是君王也敢于以"礼"（法）相抗。同时，我们亦不难判断，当时作为管理生态资源的生态职官虞人的环境执法权比较独立，而这一权力无疑是通过"王制"赋予的。

但在今天的中国，环境执法权缺乏独立性，即环境监察执法权不独立。长期以来，环境监察机构作为环境保护专职执法机构，"环境监察"未曾出现在相关法律中，法律身份不明确直接影响到执法的独立性。2014年《环境保护法》虽然明确了"环境监察机构"的法律地位，但仍然定位为委托执法机构而不是法律授权部门，环境监察机构依然不能作为行政主体具备独立执法权。另外，2014年《环境保护法》实施后，环境监察机构在现场检查和调查取证阶段，会经常涉及新规定的环境行政强制措施的实施，而根据《行政处罚法》和《行政强制法》的有关规定，行政强制权不得委托。缺乏行政强制权，环境监察机构环境执法权就不是完整的执法权，这仍然会大大降低环境一线执法的权威和效率。另外，《环境保护法》第六十条规定：排污者超标或者超总量排污，情节严重的，"县级以上人民政府环境保护主管部门可以责令其采取限制生产、停产整治等措施；情节严重的，报经有批准权的人民政府批准，责令停业、关闭"。根据这一规定，理论上环保部门应

---

① 陈业新：《儒家生态意识与中国古代环境保护研究》，上海交通大学出版社，2012年版，第370页。

"独享"的执法权被无形弱化。[①]缺乏独立的执法权,往往意味着作为环境保护专职执法机构的环境监察机构形同虚设,这对环境保护已经产生了、如不改变将继续产生实质性的负面影响。

当前中国正处于社会转型期,经济发展与生态保护之间的矛盾日益突出。由于曾经一度快速发展的经济已经给自然生态环境造成了严重的污染和破坏,在可持续发展理念的指引下,中国政府提出大力加强生态文明建设,十八大报告明确宣示:"建设生态文明,关系人民福祉、关乎民族未来的长远大计。""十三五"规划纲要中更是将"加强生态文明建设"作为十大重点工作之一。十九大报告指出:环境执法是生态文明建设的重要环节,独立的环境执法权则是确保生态文明建设切实有效的重要基础。独立的环境执法权仍需通过立法被充分赋予。同时,政府也需从自身做起,彻底"放权""还权"。只有这样才能真正体现中国共产党十八大以来所反复强调的依法治国的法治精神,才能切实维护和提高环境一线执法的权威和效率,也才能真正使"加强生态文明建设"这一重点工作扎实稳步推进,为政府各项工作目标的实现提供坚实的自然物质基础,从而最终实现"既要金山银山,又要绿水青山"的美好愿景。这实质上是以"生态型政府"为主导、以强大经济为基础、以生态法律为保障、以人们的环保意识普遍提高为前提的对先秦儒家"天人合一"理想境界的更高层次的实现。

[①] 李爱年、刘翱:《环境执法生态化:生态文明建设的执法机制创新》,《湖南师范大学社会科学学报》,2016年第3期。

余 论

人类伦理思想的发展具有相对独立性和古今相续的特点,从而可以实现古为今用,先秦儒家生态消费伦理思想即可为当代生态文明建设提供诸多启示和借鉴。当代人类所从事的生态文明建设,不能仅仅局限于一种理念、一句口号,而应具体落实到生产生活的实践之中。无论生产实践活动,还是日常生活行为,都应将生态文明建设的价值要求贯穿其中,并形成自觉的道德习惯。俞可平教授认为:"生态文明是人类在改造自然以造福自身的过程中为实现人与自然之间的和谐所作的全部努力和所取得的全部成果,它表征着人与自然相互关系的进步状态。"[①]显然,在这一界定中,"人与自然的和谐"是作为要实现的目的,或者说是人类改造自然以造福自身的实践活动的一个前提,这一点既是出发点也是落脚点。生态文明这一概念所要表达的核心是人与自然相互关系的进步状态,而这一关系的进步状态如何,关键取决于人,取决于人的进步状态,人的价值理念,人对自身的价值要求。这

[①] 俞可平:《科学发展观与生态文明》,《马克思主义与现实》,2004年第4期。

一价值要求就是人与自然的和谐相处和对人的本质规定的精神追求。而这两方面正是生态消费的要义之所在。因此，从人类实践活动出发，我们可将生态消费分为生活性生态消费和生产性生态消费，也就是将生态文明建设具体化于生态消费的活动之中，并从先秦儒家生态消费伦理思想中汲取精神资源为今所用，使生态文明建设落到实处。

首先，就生活性生态消费而言，其意在于强调人们在日常生活消费中要具有环保意识，以人与自然的和谐为条件，以精神的满足为主要追求目标。实际上，先秦儒家学说体系中的一些重要范畴本身即包含着对天人合一崇高境界的精神追求。

第一，仁：爱人爱物。

先秦儒家生态伦理思想的特质是"以仁为本"。仁是先秦儒家伦理思想体系的核心范畴，仁的发现是先秦儒家思想史上最大的事件。博大精深的儒家"仁学"体系，是由孔子开创的。孔子以"仁"的理念，作为自己思想学说的最高范畴、主要内容、最大价值和最高境界。这是为大家所公认的。我们知道，仅在《论语》中，"仁"字便出现了110次之多。既然"仁"是先秦儒家思想的核心，离开"仁"就难以理解先秦儒家关于人与人、人与自然关系的理论，也难以把握先秦儒家的生态伦理思想。

仁的最基本内涵就是爱，所以先秦儒家乃至整个儒家的学说被称为仁爱之学。当然，儒家仁爱的对象首先是人。"仁""仁爱""爱人"是孔子所追求的最大价值，也是他提倡的最高道德。"从关系的角度来理解作为爱的仁，意味着仁不是仅仅关联着某一个体的事情……关系就意味着对于他者的肯定，爱就已经存在于其中。作为爱的仁是指向他者的，仁是'爱人'，而不是爱自己。"①能够做到这一点,便是仁者了。用孔子的话说:"夫仁者,己欲立而立人,己欲达而达人。"(《论语·雍也》)对他者的肯定,也就是立人达人,成己成人。

到了孟子那里,仁爱的范围得到进一步扩展。孟子说:"亲亲而仁民,仁民而爱物。"(《孟子·尽心上》)又说:"仁者无不爱也。"(《孟子·尽心上》)孟子的这些表述意蕴深远,无疑涵盖了孔子"仁者爱人"的本义,而又有所超越,扩展了它的外延,从对亲人、对百姓的爱,推广到了对草木禽兽等自然万物的爱。凡人凡物都是无不爱的,都是应该爱的。徐铉等解说"仁"字时说:"仁者兼爱,故从二。"这意思是说,仁人能够兼爱,故字形从二,二为天地,表示天地间万物。②

荀子把儒家的伦理观念"义"扩展到人与自然关系领域,"夫义者,内节于人,而外节于万物者也,上安于主,而下调于民者也,内外上下节者,义之情者也"(《荀子·强国篇》)。这样"义"就成为一个人际道德与生态道德的统一体,既能调节人际关系,又能调节人与自然的关系。可见,荀子所谓"义"就是"仁"的体现与要求。仁爱之心的不断扩展,使人际伦理向生态伦理过渡。

第二,诚:成己成物。

仁,在人际伦理中的表现是成己成人,在生态伦理中的表现则是成己成物。而成己成物又具体集中地反映于"诚"这一先秦儒家的德性范畴中。说到"诚",《中庸》云:"唯天下至诚,为能尽其性,能尽其性,则能尽人之性,能尽人之性,则能尽物之性。能尽物之性,则可以赞天地之化育。"又云:"诚者非自成己

---

① 王博:《中国儒学史(先秦卷)》,北京大学出版社,2011年版,第73页。
② 李恩江、贾玉民主编:《文白对照说文解字译述(全本)》,中原农民出版社,2000年版,第698页。

而已也,所以成物也,成己,仁也;成物,知也。"按照成语的解释,成己成物是指由己及物,自身有所成就,也要使自身之外的一切有所成就。所谓成物一方面是指善待万物,对物表现出仁爱之心,另一方面是指尽物之性,使物成之为物,即使物各得其所,按照其自身固有的秉性和规律存在与运行。也就是说,人仅有内在美德修行而无外在道德实践,割裂了成己与成物的统一性,这种修身养性就属于伪善,内在美德就属于虚无。简言之,先秦儒家成己成物观的核心就是:成己在成物之中,成物在成己之中;成己必须同时成物,成物必须同时成己;有美德之人必然善待万物、以尽物之性,能够善待万物、尽物之性之人必然是有美德之人;成己与成物两者是不可分割且辩证统一联系在一起的。[①]

这样看来,成己成物可被视为天人合一及赞天地之化育的另一种表达,成己,仁也,即成就德性,将成己化于成物之中,也即赞天地之化育,成己成物,天人合一。由此可见,作为美德的至诚可以赞天地之化育、可以成己成物、可以生物不测,这些都表明"诚"所具有的生态伦理意义。

第三,中庸:中和化物。

《中庸》不仅提出以"诚"生物,成己成物,更讲到中庸。"君子之中庸也,君子而时中。"中庸作为时中而随在,也就是一个具有中庸之德的人所做的每一件事都是恰好,无一件事不合乎天理、顺乎人情、尽乎物性,这样的话,自然能使天地万物各安其所。就此而言,中庸具有生态伦理意义也是不容置疑的。《中庸》云:"致中和,天地位焉,万物育焉。"朱熹《中庸集注》解

[①] 曹孟勤:《在成就自己的美德中成就自然万物——中国传统儒家成己成物观对生态伦理研究的启示》,《自然辩证法研究》,2009年第7期。

释说:"致,推而极之也;位者,安其所也;育者,遂其生也。"又道:"无少偏倚,而其守不失,则极其中而天地位矣。无少差谬,而无适不然,则极其和而万物育矣。"中庸作为一种德性,从内在心理而言,它是不偏不倚,从外在行为而言,它是无过不及。唯其不偏不倚,故能无过不及。

《中庸》首先从人的性情出发来诠释"中和"。当人的感情未发时,是不偏不倚的,谓之"中";已发时,没有太过和不及谓之"和"。接着《中庸》又推及宇宙万物,认为"中"是宇宙万物之根本,"和"是达到"中"的重要途径与方法。天地只有达到"中和"才能"位焉",万物只有达到中和才能"化焉"。由此可见,"中和"是天地万物最理想的存在状态。要实现万物之"中和",人应以其内在不偏不倚之"中",结合外在之"和"来促使中和境界的实现,达到"天地位焉,万物化焉"。由此可见,《中庸》的"参赞化育"并不是消极地提倡人道完全和于天道,以此证明自然界的伟大;也不是主张人道脱离天道,人可以为所欲为。而是提倡人在一定的范围内来参赞化育,而这个度就是"中和"。的确,自然界是伟大的,而自然界的伟大是由人来实现的。人既是自然界的产物,是自然界的一部分,又是自然界的"杰作",同时又是自然界的"功臣"。因此,人在自然界中占有特殊的地位,具有特殊作用,人在自然界的重要作用即"参赞化育",而这一切都需要有一个限度,那就是"中和"。①这也是对无论是人还是事物的一种基本态度,即一种中和、宽容、不走极端、"不为已甚"的态度。

---

① 孙振华、张丽琴:《〈易传〉、〈中庸〉中的生态意识》,《中共长春市委党校学报》,2008年第6期。

中庸更是一种伦理智慧和实践理性。对于环境保护这一人类实践活动来说，它是一种能够起到重要的积极作用的思想，即关于限度和节欲的观念。先秦儒家强调应"不时不食""取物以时"，注重对生态规律的尊重和生物资源的保护，与我们今天提出的生态消费理念本质上并无二致。甚至可以说，"生态消费伦理观的建立要以儒家节欲主义的'中庸'为原则，倡导适度和真实消费"①。

从仁者的爱人爱物到诚者的成己成物，再到中庸的中和化物，先秦儒家虽始终以人为关注的核心，但也始终人不离物，是在处理好与物的关系中实现人的本质规定的，这一实现的终极表达便是"天人合一"。"天人""合一"于"仁""诚""中庸"之中，"合一"于人与物的关系之中，"合一"于人与自然的和谐相处的适度、理性、真实的生态消费的实践活动之中。儒家伦理的实践理性之特点从其创始之初的先秦就已明显具备。

其次，就生产性生态消费而言，其意在于消耗自然资源并向自然生态系统排放废弃物的人类生产活动应遵循自然基本规律，使人类对自然的开发利用保持在合理的限度之内。说到底，上述用于生活性生态消费的仁、诚、中庸等先秦儒家的伦理范畴也同样适用于生产性生态消费，适用于生产主体的生产活动，但由于生产主体以追求利益最大化为首要目标，因此，要想真正实现生产性生态消费，还需更多的外在约束。这方面先秦儒家仍有可以借鉴之处，主要表现为孟子的"王道"对生态政治文明的镜鉴和荀子的"王制"对生态法律文明的启示。

---

① 苑秀丽、何小玲：《儒家思想与中国当代伦理》，中国社会科学出版社，2015年版，第148页。

第一,孟子"王道"之于当代生态政治文明。

我们仍然首先结合孟子的"王道之始"来探讨当代生态政治文明的相关问题。孟子说:

> 不违农时,谷不可胜食也;数罟不入洿池,鱼鳖不可胜食;斧斤以时入山林,材木不可胜用也。谷与鱼鳖不可胜食,材木不可胜用,是使民养生丧死无憾也。养生丧死无憾,王道之始也。(《孟子·梁惠王上》)

孟子将老百姓的养生丧死(社会)、农业的发展(经济)、不违农时(自然)、王道(政治)四者看作一个不可分割的统一整体,构建出完整的"社会—经济—政治—自然"四位一体的以复合性生态系统为背景和基础的政治体系。这与我们今天所说的生态政治文明这一概念极为相近。"生态政治文明以'人以自然而存在,自然以人而存在'内在关系存在论的政治生态哲学为依据,是广泛融入政治化自然生态因素,并对之起'积极和主导'作用的新政治文明。"[1]生态政治文明作为新政治文明,是相对于造成严重环境问题的工业文明形态下的政治文明而言的。在关于如何对待人与自然的关系以及如何解决环境问题方面,这两种政治文明之间存在着本质的差异。工业文明企图在不改变原有的政治模式的前提下对已经被破坏的千疮百孔的自然生态环境进行"修修补补",其结果自然不难想象,往往于事无补。很显然,这里面存在一个如何正确把握政治系统与自然生态环境之间关系的关键问题。

---

[1] 蒋俊明:《生态政治文明析论》,《学理论》,2011年第30期。

公允地说，以工业文明为主导的传统政治模式不可能不重视环境问题，但其价值理念、方式途径、目标结果却与生态政治文明形成鲜明的对比。前者只是在不改变原有的政治系统的基础上将环境问题引入其中，也就是说，它是以政治为中心的，而经济又是政治的基础，也是政治的重要职能，因此，片面强调经济增长就成为工业文明下政治体制的核心考量，甚至是唯一的考量。于是，政治与经济的合谋以至造成不断增加、日益严重的环境问题就成为工业文明的必然逻辑。遗憾的是，一些人（似乎不在少数）将这种直接把环境问题引入政治领域，使环境保护进入政治视野的用以把握政治系统与自然生态环境之间关系的文明形态也称之为生态政治文明，这显然是因为未能准确把握生态政治文明的实质所导致的错误理解。

生态政治文明并不否定，反而更加突出人的主体地位，但其前提是"人以自然而存在，自然以人而存在"的内在关系存在论。犹如孟子所倡导的"王道"，生态政治文明是将政治置于生态之中，自觉遵循自然规律，使政治适应于环境问题解决的需要，使政治模式、经济发展、国计民生与自然环境一起构成良性互动的"生态系统"，在这一系统中，人——如同在工业文明中——仍是唯一的主体，起着主导的作用。归根结底，两相比较我们不难发现，在对环境问题的解决方面，工业文明采取的是"事后补救"的措施，而生态政治文明所走的是"事前预防"的路径。"以'预防'原则代替'补救'原则，是将人类政治关系放到自然生态系统背景中，对传统政治知识及社会政治过程进行校正甚至重新建构，改造传统政治实践方式的深层次生态政治。其发展不仅是着眼于目前环境问题的解决，更是一种生态文明得以真正实现的政治保障机制；不仅要解决自然、人与社会相互作用中已经出现的不和谐,还要从源头上生成自然、人与社会之间的相互和谐。"[1]生态政治文明就是要从源头上"生成"政治系统与自然生态环境之间的和谐关系,将政治"化入"生态中,而不是将生态"强行拉入"政治中。这种"生成",这种"化入",其实质即是"预防"。一句话,就生态政治文明而言,"预防"才是"王道","王道"就是"预防"。这就要求政府应自觉规范自身的政治行为,努力做到政治生态化,按照自然发展的基本规律和生态政治文明的价值理念,在安排经济活动、推进经济发展和筹谋国计民生的过程中,协调好以人与自然的和谐为基础的各种关系,使"社会—经济—政治—自然"这一"生态系统"得以良性互动,平衡永续发展。

第二,荀子"王制"之于当代生态法律文明。

荀子提出的"王制"即"圣王之制",关于生态保护的"王制"最著名的是如下一段文字:

> 圣王之制也,草木荣华滋硕之时则斧斤不入山林,不夭其生,不绝其长也;鼋鼍、鱼鳖、鳅鳝孕别之时,罔罟、毒药不入泽,不夭其生,不绝其长也;春耕、夏耘、秋收、冬藏四者不失时,故五谷不绝而百姓有余食也;洿池、渊沼、川泽谨其时禁,故鱼鳖优多而百姓有余用也;斩伐养长不失其时,故山林不童而百姓有余材也。(《荀子·王制》)

所谓"王制",指的是圣王所制定的法律规范和制度典章。

---

[1] 蒋俊明:《生态政治文明析论》,《学理论》,2011年第30期。

"法律在生态文明建设过程中无疑担负着不可或缺的职责,唯有建立健全生态法律体系,才能够对生态文明社会的真正建立提供坚实的制度保障,解决好经济发展与资源环境之间的尖锐矛盾,协调好经济与自然生态之间的关系。"①如果说生态政治文明更多的是一种宏观的顶层设计的话,那么生态法律文明则主要指向具体的制度保障和微观操作,包括生态立法、生态执法、公众参与等一系列环节。生态法律文明所体现的最为核心的价值观是对责任的担当。"法律的威力正是在于责任的担负,没有责任担负制度的设立,法将不为法。"②所以,生态法律的设立,在一定意义上说就是生态法律责任制度的设立。生态法律不仅是对生态行为负面后果的事后责任的追究,更有事前的预防和震慑的功能,并通过这种外在的生态法律制度的约束,使人们在潜移默化中形成生态责任的思维和行为习惯,将生态法律的制度他律转化成为生态责任的道德自律。法律确乎具有自律和他律的双重特点,它在某种程度上既是一种明确的制度规范,又是一种道德精神的反映。

生态文明建设是一项浩大而又复杂的系统工程,没有生态法律的保驾护航是无法想象的。"建设生态文明,必须要有法律可靠的、坚强的、系统的保障,这就是'生态法律文明建设'。"③"生态法律文明建设"并不仅仅局限于建立健全生态法律制度、依法追究生态责任等一系列具体的环节方面,更应在全社会形成推崇生态法律、维护生态法律地位与尊严、依法治理环境问题、不断提升自然生态质量的文明风尚。这既是进行任何文明建设当持

---

① 邹俭伟:《论我国生态法律体系法典化构建》,《宁夏社会科学》,2013 年第 6 期。
② 邹俭伟:《论我国生态法律体系法典化构建》,《宁夏社会科学》,2013 年第 6 期。
③ 何勤华、顾盈颖:《生态文明与生态法律文明建设论纲》,《山东社会科学》,2013 年第 11 期。

守的基本伦理态度，也是任何文明建设落到实处、取得成效的伦理基础。

以上我们分别从生活性生态消费和生产性生态消费两方面，对先秦儒家的相关思想进行了生态伦理角度的解读和借鉴。当然，在这一解读和借鉴的过程中，我们应有所辨别和扬弃。尽管我们可以从孟子的"王道"和荀子的"王制"中得到关于生态政治和生态法律的启示，但这二者毕竟与今天我们所说的生态政治和生态法律还有着明显的差别。况且在2000多年前的先秦时期，他们的"王道"和"王制"的阶级性也不能不察。不过若从古为今用这样一种"实用"的角度来看，先秦儒家的诸多生态伦理的思想元素确实值得珍视和深入探究，并可在当代生态文明建设的过程中进行合理论证和适度转化。"生态文明所追寻的是一种较高的环保意识、可持续的经济发展模式和更加公正合理的社会制度。"[1] 先秦儒家对"天人合一"精神境界的追求，可以帮助当代处于消费主义困扰之中的人们提升环保意识，而从孟子"王道"和荀子"王制"中受到的启发又可促使政府在转变经济发展模式和构建更加公正合理的社会制度，即推进生产性生态消费方面有所作为。由此可见，先秦儒家生态消费伦理思想与当代人类生态文明建设所追寻的伦理目标从根本上是一致的。

---

[1] 徐昌文：《荀子生态伦理思想及其对当今生态文明建设的启示》，《中华文化论坛》，2009年第2期。

参考文献

1. 杨伯峻:《论语译注》,中华书局,2012年版。
2. 杨伯峻:《孟子译注》,中华书局,2012年版。
3. (清)王先谦:《荀子集解》,沈啸寰、王星贤整理,中华书局,2012年版。
4. 《荀子》,安小兰译注,中华书局,2007年版。
5. (宋)朱熹:《四书集注》,陈戍国标点,岳麓书社,2004年版。
6. 王博:《中国儒学史(先秦卷)》,北京大学出版社,2011年版。
7. 乔清举:《儒家生态思想通论》,北京大学出版社,2013年版。
8. 张立文主编:《天人之辨——儒学与生态文明》,人民出版社,2013年版。
9. 佘正荣:《中国生态伦理传统的诠释与重建》,人民出版社,2002年版。
10. 蒙培元:《人与自然——中国哲学生态观》,人民出版社,2004年版。
11. 何怀宏:《生态伦理——精神资源与哲学基础》,河北大学出版社,2002年版。
12. 余谋昌:《生态伦理学——从理论走向实践》,首都师范大学出版社,1999年版。

13. 苗润田:《解构与传承:孔子、儒学及其现代价值研究》,齐鲁书社,2002年版。

14. 苗润田主编:《儒学与实学》,中华书局,2003年版。

15. 陈业新:《儒家生态意识与中国古代环境保护研究》,上海交通大学出版社,2012年版。

16. 苑秀丽、何小玲:《儒家思想与当代中国伦理》,中国社会科学出版社,2015年版。

17. 〔美〕霍尔姆斯·罗尔斯顿:《环境伦理学》,杨通进译,中国社会科学出版社,2000年版。

18. 徐新:《现代社会的消费伦理》,人民出版社,2009年版。

19. 赵玲:《消费合宜性的伦理意蕴》,社会科学文献出版社,2007年版。

20. 秦鹏:《生态消费法研究》,法律出版社,2007年版。

21. 〔英〕舍勒肯斯:《美学与道德》,王柯平、高艳萍、魏怡译,四川人民出版社,2010年版。

22. 甘绍平、余涌主编:《应用伦理学教程》,中国社会科学出版社,2008年版。

23. 余涌:《道德权利研究》,中央编译出版社,2001年版。

24. 何怀宏:《儒家生态伦理思想述略》,《中国人民大学学报》,2000年第2期。

25. 佘正荣:《儒家生态伦理观及其现代出路》,《中州学刊》,2001年第6期。

26. 曹孟勤:《在成就自己的美德中成就自然万物》,《自然辩证法研究》,2009年第7期。

27. 霍功:《先秦儒家生态伦理思想与现代生态文明》,《道德与文明》,2009年第3期。

28. 蒙培元:《孔子天人之学的生态意义》,《中国哲学史》,2002年第 2 期。

29. 苗润田:《〈论语〉的形上学研究》,《齐鲁学刊》,2004 年第 6 期。

30. 苗润田:《论儒家的宽容思想》,《东岳论丛》,2006 年第 6 期。

31. 苗润田:《"放于利而行多怨"——儒家义利学说再探讨》,《哲学研究》,2007 年第 4 期。

32. 苗润田:《关于孔子"修己"思想的几个问题》,《烟台大学学报(哲学社会科学版)》,2012 年第 4 期。

33. 苗润田:《本然、实然与应然——儒家"天人合一"论的内在理路》,《孔子研究》,2010 年第 1 期。

34. 王苏、苗润田:《消费伦理观念的现代转向》,《求索》,2008 年第 2 期。

35. 王雪萍:《论先秦儒家的生态消费思想》,《江苏商论》,2012 年第 9 期。

36. 邱耕田:《生态消费与可持续发展》,《自然辩证法研究》,1999 年第 7 期。

37. 尹世杰:《关于生态消费的几个问题》,《求索》,2000 年第 5 期。

38. 陈桂香:《生态悖论视角下生态消费伦理的构建》,《消费经济》,2007 年第 4 期。

39. 金富平:《"天人合一"确切内涵之界定》,《河北学刊》,2014 年第 3 期。

40. 乔清举:《论"仁"的生态意义》,《中国哲学史》,2011 年第 3 期。

41. 周国文、杨欣奥:《论"仁"之概念的生态意涵》,《鄱阳湖学刊》,2015 年第 4 期。

42. 蒙培元:《仁学的生态意义与价值》,《中国哲学史》,2007 年第

1期。

43. 徐朝旭:《儒家"一体之仁"观的三个向度》,《厦门大学学报(哲学社会科学版)》,2010年第1期。

44. 李隼、江传月:《儒家"中庸之道"生态伦理原则的现代诠释》,《广东社会科学》,2009年第5期。

45. 杨世宏:《以仁为本:儒家生态伦理思想的特质》,《齐鲁学刊》,2015年第2期。

46. 张勇:《儒家仁学"生"德精神的四层内涵与伦理思考》,《广西社会科学》,2012年第8期。

47. 刘书正、范春英:《先秦儒家义利观及其当代价值》,《管子学刊》,2007年第1期。

48. 高晓红:《先秦儒家义利观及其现代意义》,《学术界》,2006年第5期。

49. 徐新:《尚俭去奢与以礼而行》,《消费经济》,2011年第1期。

50. 尹世杰:《略论孔子的消费思想》,《船山学刊》,2004年第3期。

51. 董玲:《孔子消费伦理思想及其当代意义》,《消费经济》,2010年第1期。

52. 龚丽娟:《从生态教育到生态美育——生态审美者的培养路径》,《社会科学家》,2011年第7期。

53. 黄克剑:《孔子"诗教"论略》,《哲学动态》,2013年第8期。

54. 王向峰:《孔子诗学的仁本论》,《辽宁大学学报(哲学社会科学版)》,2005年第2期。

55. 张云飞:《试析孟子思想的生态伦理学价值》,《中华文化论坛》,1994年第3期。

56. 刘玉娥:《孟子的"天人合一"观及其对当代生态文明建设的启示》,《鄱阳湖学刊》,2012年第1期。

57. 万海英:《孟子"先立乎其大"的哲学方法论》,《孔子研究》,2014

年第1期。

58. 张平、杨明:《孟子王道理念的内在逻辑及其当代价值》,《理论与现代化》,2016年第4期。

59. 齐姜红:《孔孟儒家的生态伦理思想》,《管子学刊》,2008年第1期。

60. 钱耕森、沈素珍:《孔孟"仁者爱人"说与生态文明》,《齐鲁学刊》,2016年第2期。

61. 李跌聪:《荀子的生态伦理思想的当代价值》,《自然辩证法研究》,2006年第8期。

62. 徐昌文:《荀子生态伦理思想及其对当今生态文明建设的启示》,《中华文化论坛》,2009年第2期。

63. 余谋昌:《从生态伦理到生态文明》,《马克思主义与现实》,2009年第2期。

64. Edwin Zaccai. Sustainable Consumption, Ecology and Fair Trade. Routledge, 2007.

65. Lucia A. Reisch, Inge Ropke. The Ecological Economics of Consumption. Edward Elgar Publishing Ltd, 2004.

66. Rob Hengeveld. Wasted World: How Our Consumption Challenges the Planet. University of Chicago Press, 2012.

67. Anna Davies, Frances Fahy, Henrike Rau. Challenging Consumption: Pathways to a More Sustainable Future. Routledge, 2014.

68. Frank L. B. Meijboom, Frans W. A. Brom. Ethics and Sustainability: Guest or Guide? On Sustainability as a Moral Ideal. J Agric Environ Ethics (2012)25.

后　记

本书是在我的博士后出站报告的基础上修改而成的。我在硕士生和博士生阶段均为伦理学专业，主攻生态伦理方向。我对中国传统哲学一直充满兴趣，但基础较为薄弱。我在山东大学哲学与社会发展学院从事博士后研究期间，我的合作导师苗润田教授给了我极大的鼓励和帮助，并给予我耐心的专业指导。这不仅增强了我的信心，更使我受益匪浅。出站报告的题目是在苗老师的指导下选定的，他充分尊重我的研究兴趣，并将他所擅长的儒学研究与我的研究方向结合在一起。因此，我首先要感谢我的合作导师苗润田教授。

哲学是一门爱智、求智之学，而生活则是哲学的智慧之源。哲学研究一不能脱离传统文化，二不能脱离现实生活。这也是本书始终遵循的致思路径。当然，由于我在中国哲学领域知识储备的欠缺，对先秦儒家思想的有些理解可能还存在这样那样的不足甚至偏差，欢迎学界同仁不吝赐教。另外，先秦儒家除了孔孟荀这三位众所周知的主要代表外，在生态消费伦理思想方面一定还有不少可以进一步挖掘的资源和拓展的空间。

古为今用，但需现代转化。如何转化？现实问题便是转化的契机。问题意识可以说是哲学，尤其是伦理学研究的一大突出特点。或者说，没有问题意识或不带着问题进行的研究不是真正的哲学伦理学研究。近年来，我国大力倡导传承优秀传统文化，消费主义给生态环境带来的诸多问题，就成为本书基本的文化、经济和生态背景。

　　出书总是一件令人欣喜之事，在著作即将付梓出版之际，也总是要写一些感悟或感谢的话，这既可被看作一种礼貌，似乎已然成为一种约定俗成。然而，当静下心来回首整个写作过程的时候，感到确实还是有很多人要感谢的。感谢山东大学哲学与社会发展学院的那些曾经指导和帮助过我的老师们，感谢宁夏大学政法学院为像我一样年轻的学者们提供的优越治学环境，感谢家人们的默默支持和付出，感谢出版社的编辑老师们一遍遍一丝不苟的审阅和校订。这些感谢的话虽然不免俗套，却十分真实，句句皆发自内心。不过，最后不能忘记感谢的还有本书的作者，由于他的努力、认真和踏实，这个世界将增加一本可供阅读的书籍，希望这本书能给读者带来一些思考。当然，如果能够听到一些批判的声音就更好了，因为毕竟这是一本哲学的著作。

冯庆旭

2018 年 7 月 31 日于塞上湖城